国外国防科技年度发展报告（2021）

# 空战领域科技发展报告

KONG ZHAN LING YU KE JI FA ZHAN BAO GAO

中国航空工业发展研究中心

国防工业出版社

·北京·

图书在版编目（CIP）数据

空战领域科技发展报告/中国航空工业发展研究中心编著．—北京：国防工业出版社，2023.7
（国外国防科技年度发展报告．2021）
ISBN 978－7－118－12911－3

Ⅰ.①空… Ⅱ.①中… Ⅲ.①空战－科技发展－研究报告－世界－2021 Ⅳ.①E154

中国国家版本馆 CIP 数据核字（2023）第 116178 号

## 空战领域科技发展报告

| | |
|---|---|
| 编　　者 | 中国航空工业发展研究中心 |
| 责任编辑 | 汪淳 |
| 出版发行 | 国防工业出版社 |
| 地　　址 | 北京市海淀区紫竹院南路 23 号　100048 |
| 印　　刷 | 北京龙世杰印刷有限公司 |
| 开　　本 | 710×1000　1/16 |
| 印　　张 | 16¼ |
| 字　　数 | 180 千字 |
| 版 印 次 | 2023 年 7 月第 1 版第 1 次印刷 |
| 定　　价 | 115.00 元 |

## 《国外国防科技年度发展报告》
## (2021)
## 编委会

主　　任　耿国桐

委　　员（按姓氏笔画排序）

王三勇　王家胜　艾中良　白晓颖
朱安娜　李杏军　杨春伟　吴　琼
吴　勤　谷满仓　张　珂　张建民
张信学　周　平　殷云浩　高　原
梁栋国

《空战领域科技发展报告》

编 辑 部

主　编　吴　蔚

## 《空战领域科技发展报告》

审稿人员

褚世永　赵群力

撰稿人员（按姓氏笔画排序）

朱超磊　刘亚威　刘禹彤　闫　娟
许　佳　阴鹏艳　纪宇晗　孙友师
李　昊　李沅栩　吴　蔚　陈　蕾
胡燕萍　姜廷昀　袁　成　晏武英
黄　涛　廖孟豪　廖南杰

# 编写说明

科学技术是军事发展中最活跃、最具革命性的因素，每一次重大科技进步和创新都会引起战争形态和作战方式的深刻变革。当前，以人工智能技术、网络信息技术、生物交叉技术、新材料技术等为代表的高新技术群迅猛发展，波及全球、涉及所有军事领域。智者，思于远虑。以美国为代表的西方军事强国着眼争夺未来战场的战略主动权，积极推进高投入、高风险、高回报的前沿科技创新，大力发展能够大幅提升军事能力优势的颠覆性技术。

为帮助广大读者全面、深入了解国外国防科技发展的最新动向，我们以开放、包容、协作、共享的理念，组织国内科技信息研究机构共同开展世界主要国家国防科技发展跟踪研究，并在此基础上共同编撰了《国外国防科技年度发展报告》（2021）。该系列报告旨在通过跟踪研究世界军事强国国防科技发展态势，理清发展方向和重点，形成一批具有参考使用价值的研究成果，希冀能为实现创新超越提供有力的科技信息支撑。

由于编写时间仓促，且受信息来源、研究经验和编写能力所限，疏漏和不当之处在所难免，敬请广大读者批评指正。

军事科学院军事科学信息研究中心

2022 年 4 月

# 前　言

作为现代战争的重要组成，空中战场为地面和海上作战争取主动权，为电磁战提供实施条件，只有夺得制空权，才有可能夺取地面、海上和电磁空间作战的主动权。随着新军事变革的不断深入，空战武器装备的主要任务正在从制空和支援地面作战向制空、制天、制信息的方向发展，空战技术正在向拓展作战范围、提升信息化能力、改善生存力、快速精确打击的方向发展。密切跟踪世界范围空战科技发展，分析掌握相关专业领域发展态势，对缩小我国与世界空战技术先进水平的差距，实现自主创新发展，具有重要意义。

本报告包括综合动向分析、重要专题分析、附录三个部分。综合动向分析部分主要对2021年关键空战平台技术及基础技术领域发展情况进行系统梳理；重要专题分析部分分别对综合与战略、空战装备技术、机载系统技术等领域的重点、热点问题等展开深入研究和讨论；附录部分包括2021年国外空战领域十大科技进展、2021年世界空战科技发展大事记和空战领域重大项目清单。

本报告由空战领域相关单位的专家共同完成，包括中国航空工业发展研究中心、中国航空研究院、中国航空发动机研究院的有关专家。由于时间紧张，水平有限，本书难免存在错误和疏漏之处，敬请批评指正。

编者<br>2022年5月

# 目 录

## 综合动向分析

2021年空战领域科技发展综述 ………………………………………… 3
2021年战斗机技术发展综述 …………………………………………… 18
2021年支援保障飞机技术发展综述 …………………………………… 29
2021年军用直升机技术发展综述 ……………………………………… 37
2021年军用无人机发展综述 …………………………………………… 47
2021年军用航空动力技术发展综述 …………………………………… 59
2021年军用航电技术发展综述 ………………………………………… 67
2021年飞控与机电技术发展综述 ……………………………………… 78
2021年机载武器技术发展综述 ………………………………………… 86
2021年航空材料技术发展综述 ………………………………………… 93
2021年航空制造技术发展综述 ………………………………………… 100

## 重要专题分析

### 综合与战略

美国空军"先锋"计划项目进展及影响分析 ………………………… 111
美国空军发布《数字建造法典》推进数字采办 ……………………… 121

美国空军常态化推进数字工程转型 ……………………………… 127

美国国防部持续推进增材制造发展应用 …………………………… 134

美国空军"黑旗"演习现状与特点分析 …………………………… 141

## 空战装备技术

英国"暴风"战斗机启动概念研究 ………………………………… 147

美国空军"天空博格人"项目开展技术验证试飞 ………………… 153

美国"远射"空射制空作战无人机发展分析 ……………………… 161

美国空军启动首个高超声速飞机验证机研发项目 ………………… 167

## 机载系统技术

美国空军先进战斗管理系统进展分析 ……………………………… 174

美国自适应发动机技术发展与应用分析 …………………………… 183

美国空军研究实验室"敏捷吊舱"发展分析 ……………………… 193

美国空军"金帐汗国"项目完成第一阶段飞行演示 ……………… 199

美国空军"实况－虚拟－构造"技术发展分析 …………………… 206

美国国防部 5G 应用实验取得重要进展 …………………………… 218

## 附录

2021 年空战领域科技发展十大事件 ……………………………… 227

2021 年空战领域科技发展大事记 ………………………………… 234

2021 年空战领域重大项目清单 …………………………………… 243

ZONG HE

DONG XIANG FEN XI

# 综合动向分析

# 2021 年空战领域科技发展综述

2021 年，主要国家围绕数字工程、无人、自主、人工智能、高超声速等空战科技热点，持续开展研发与试验，探索新兴技术应用，助力加快推出新型空战装备与作战能力。

## 一、数字工程技术扩展应用到多型空战平台研发

数字工程通过建立数字化模型和结构化数据，实现在数字空间中提早解决大量潜在的设计、制造、使用和保障问题，为装备研发与采办过程带来革新。国外新型空战平台研发过程中正不断扩展数字孪生、数字线索等数字工程技术的应用，促进空战装备寿命周期的成本降低和效益提升。

近年来，美国空军一直倡导推行数字工程，并已在空战装备研发项目中应用。5 月，波音公司宣布美国空军首架 T-7A "红鹰"高级教练机不到 30 分钟实现了前后机身对接，与传统对接流程相比耗时减少 95%，质量得到显著提高，验证了数字工程技术应用的优势。6 月，美国空军装备司令部宣布设立常设的数字转型办公室，专门负责推进空军和太空军向以数字工

程为核心的数字组织转型，表明美国空军已经将数字工程作为长期推进的关键战略任务，正在常态化推进数字工程转型。目前，美国空军应用数字工程的项目涉及多种空战平台，包括"下一代空中主宰"（NGAD）战斗机、F-15EX 战斗机、T-7A "红鹰"高级教练机、"天空博格人"无人机、高超声速飞行器等。其他国家也开始在新型空战装备发展中试点应用数字工程技术，如英国"暴风"战斗机、日本 F-X 下一代战斗机等项目也已宣布采用数字工程技术来提高设计、研制、生产和维护的效率。

## 二、新型空战装备研发加速推进

下一代空战装备性能正朝着强隐身、智能、高速等方向发展，2021年，国外着手推进新一代战斗机、高超声速飞机等空战装备平台研发，航空装备能力升级进程显著加快。

### （一）多国持续推进下一代战斗机研发

国外下一代战斗机除具有隐身、高机动性等特征外，均按有人/无人协同作战设计，将为无人机提供必要的指挥与控制。

美国空军在4月的新版《双年采办报告》中披露了"下一代空中主宰"战斗机的概况。该机是一种穿透型制空平台，重点提升强对抗环境下的杀伤力、生存力和持久作战能力。该机概念图（图1）显示，飞机设计采用菱形飞翼布局、单座、双发、背负式进气道。另外 NGAD 项目采用数字工程、敏捷软件开发和开放式系统架构，实现了设计的连续迭代和流程的持续优化，大幅缩短了开发周期，降低了寿命周期成本。

在法德西联合开展的"未来作战航空系统"计划下，"下一代战斗机"（NGF）研制持续推进。4月，空客公司与达索飞机公司达成协议将联合制

图1　美国空军《双年采办报告》中的"下一代空中主宰"概念图

造一架"下一代战斗机"演示验证机。同月,德国MTU公司、法国赛峰公司和西班牙ITP航空公司达成协议合作研发"下一代战斗机"发动机。

英国新型"暴风"战斗机正式启动研发。7月,英国国防部授予BAE系统公司约2.5亿英镑的"暴风"战斗机设计与开发合同。英国"暴风"战斗机于2018年推出,瑞典、意大利于2019年成为"暴风"项目合作伙伴。按照目前计划,"暴风"战斗机验证机将在2025年首飞,生产型机将在2035年前向英国皇家空军交付。

日本加快下一代战斗机研发。1月,日本宣布成立以三菱重工为核心、多家日本企业参与的下一代战斗机开发团队,在3月发布的防卫预算中大幅增加了下一代战斗机相关经费,将在F－X战斗机研发中采用数字工程和开放式系统架构。12月,日本防卫省宣布将和英国合作开发F－X战斗机发动机验证机。目前,日本防卫省计划于2026年开始F－X原型机制造。

(二)美国启动研制高超声速飞机验证机

近十年来,美国军工巨头开始关注高超声速飞机发展,洛克希德·马丁公司、波音公司分别于2013年和2018年公开了高超声速飞机研发计划，表明美国高超声速飞机技术储备已有较好基础。2021年，美国空军正式启动研发高超声速飞机验证机，表明美高超声速飞机研究迈出了实质性步伐，将加快相关技术发展。

7月，美国空军联合私营投资公司授予美国赫米尔斯（Hermeus）公司3年6000万美元的科研合同，开展一型涡轮基冲压组合发动机（TBCC）的飞行验证和3架"夸特马"高超声速飞行验证机的研制试飞等工作，这是美国空军近十余年以来首个高超声速飞机验证机研发项目，该机未来计划用于执行要员运输、情监侦等任务。"夸特马"高超声速飞行验证机设计采用大后掠三角翼无平尾加单垂尾布局，无人驾驶，最大飞行速度马赫数5，总重约4～5吨，以涡轮基组合循环发动机（TBCC）为动力。11月，赫米尔斯公司展出了"夸特马"首架全尺寸实物模型样机（图2），并以最大加力状态启动发动机进行地面演示。按计划"夸特马"验证机将在2023年首飞。

图2　"夸特马"全尺寸实物模型样机

## 三、先进无人机技术研究取得进展

探索无人机灵活作战的技术研发与试验仍是当前空战领域科技热点，国外正通过加强人工智能、自主等技术的研究，聚焦实现无人机参与空战和承担新的作战支援任务，挖掘无人机单平台作战运用潜能，同时通过发展机动组网、编队控制、自主协同等技术构建无人机蜂群，创新空中作战样式。2021年，国外相关技术研发与试验取得阶段性进展。

### （一）无人机人工智能、自主技术研究取得进展

3月，美国国防高级研究计划局（DARPA）宣布，旨在发展无人机空中格斗自主决策和智能空战算法的"空战进化"（ACE）项目第一阶段进程过半，取得阶段性成果，开展了视距内与视距外多机场景的人工智能（AI）虚拟空中格斗、人机共生飞行试验以观测飞行员生理状况和对AI的信任度以及一架全尺寸教练机的初步改装，该教练机将在项目第三阶段进行装载AI"飞行员"程序试验。

发展无人机自主飞行管理和自主空战决策能力的美国空军"天空博格人"项目完成系列试验。4月底，"天空博格人"自主核心系统安装在UTAP-22"灰鲭鲨"无人机上成功完成首飞（图3），验证了基本飞行、导航指令响应、实施机动等能力，表明该系统已达到实机操作能力。自主核心系统是包含软硬件的开放式模块化系统，适用于多种无人机，类似无人机的大脑实现自主飞行和执行任务。6月，自主核心系统装载在MQ-20无人机（原"捕食者"C无人机）上进行了试飞，证实该系统可用于操纵多种类型的无人机。10月，2架配装自主核心系统的MQ-20无人机完成首次无人/无人编组试飞，验证了该系统的无人机自主编组能力。

图 3　配装有自主核心系统的 UTAP-22 无人机发射升空

**（二）美国无人加油机接近技术成熟**

执行空中加油任务的无人机有利于释放舰载机的战斗力，丰富航空母舰作战机群的作战样式。美国海军 2018 年 8 月授予 MQ-25A 舰载无人加油机工程研制合同以来，波音公司发挥数字工程等的技术优势加快平台开发进程，2019 年 9 月即实现了 MQ-25A 原型机首飞。2021 年 6 月，MQ-25A 原型机通过挂装的加油吊舱，完成对 F/A-18F 战斗机的空中加油试验，8 月和 9 月又成功开展为 E-2D 预警机、F-35C 战斗机空中加油（图 4）的试验，创下无人机对有人机空中加油的多项首次试验纪录，标志着 MQ-25A 无人加油机自主加油相关技术已接近成熟。

**（三）蜂群无人机试验取得显著进展**

无人机蜂群以多平台自主组网遂行统一作战任务，具有抗毁能力强、作战灵活性强等特点，2021 年国外无人机蜂群试验不断取得新进展。1 月，

图 4　MQ-25A 原型机试验为 F-35C 战斗机实施空中加油

英国完成"多架无人机使作战更轻松"（MDMLW）项目大规模无人机蜂群演示验证，演示了 20 架无人机组网执行态势感知、医疗援助、后勤补给、爆炸物检测和处置以及诱骗等任务的能力。11 月，美国国防高级研究计划局 X-61A"小精灵"空中投放回收蜂群无人机项目成功试验空中回收 X-61A 无人机（图 5）。试验中 C-130 运输机打开机尾舱门，使用专用机械装置捕获 1 架 X-61A，将其拖入货舱完成回收，未来该项目将继续开展试验促进关键技术成熟。12 月，面向地面部队城市巷战应用场景的 DARPA "进攻性蜂群战术"（OFFSET）项目完成第 6 次也是最后一次外场试验，验证了使用开放蜂群架构实现三百余个无人机与地面无人车的协作作战、使用沉浸式（如虚拟现实、增强现实、平板电脑和手机等）蜂群界面完成无人蜂群的指挥与控制。

图 5　X-61A"小精灵"蜂群无人机完成空中回收试验

## 四、先进发动机技术研发取得进展

当前，以燃气涡轮循环为基础发展的航空动力已经成为各种航空器的动力来源，发动机技术研发重点放在下一代战斗机用自适应发动机技术、高超飞机用动力技术等。

美国自适应发动机技术研发取得重要进展。自适应发动机可根据需要提供更高推力和提升燃油效率，满足未来战斗机不同场景的作战需求。5 月，美国通用电气公司宣布完成首台 XA100 自适应发动机全尺寸验证机试验，8 月启动第 2 台 XA100 发动机验证机试验并于 12 月完成第一阶段试验。XA100 是美国空军正在研发的面向下一代战斗机用发动机工程验证机之一，XA100 试验的顺利进行有助于大幅度降低技术风险，为自适应发动机进入工程研制做好准备。

俄罗斯公司完成脉冲爆震发动机样机第一阶段测试。4 月，俄罗斯联合发动机公司称已完成脉冲爆震发动机样机的第一阶段测试，各项指标均达标。当前，在增压燃烧技术领域，旋转爆震发动机已成为研制热点，而脉冲爆震发动机经过多年研究，仍未获得理论上的性能以及存在振动难以抑制等问题。俄罗斯的上述进展为脉冲爆震发动机的研究带来了希望。该发动机设计简单，与传统发动机相比具有巨大的经济性优势，未来有望用于火箭、高超声速飞机等。

英国"佩刀"高超声速发动机继续进行试验。2 月，英国反作用发动机公司宣布完成"佩刀"协同吸气式火箭发动机（SABRE）核心机 HX3 热交换器和先进氢气预燃室的测试，后续将完成"佩刀"发动机缩比验证机核心机地面试验。

## 五、开展创新性机载武器投放以及协同打击技术研发

作战环境复杂度不断提升和快速反应要求，使空战武器系统向拓展平台攻击能力和任务灵活规划及重组能力方向发展。国外正在探索发展新型弹药投放技术，拓展支援保障飞机远程攻击能力，研发与试验网络化自主协同打击技术，促成不同机载武器的多弹联网，实现对作战目标的协作打击，构建更为灵活的空中打击手段。

美国空军开展"托盘化弹药"投放系统级试验。美国空军"速龙"项目正在发展将防区外空地导弹装箱安置于军用运输机货物托盘并且在飞行

中投放，以实现较低成本发动大规模远程打击。8月，该项目完成C-17A、EC-130SJ运输机投放"托盘化弹药"的首轮系统级试验（图6），实现了首次使用模块化部署箱成功进行高空空投，首次使用托盘化武器部署系统成功投放多枚导弹等。12月，该项目完成最后一次系统级试飞，试验中MC-130J运输机飞行中接收新的瞄准数据，随后中继传输给联合空对面防区外增程导弹（JASSM-ER）试验弹，并完成该巡航导弹的投放并击中目标。后续项目将开展C-17A投放"托盘化弹药"的实弹发射试验。

图6　C-17A运输机试验投放"托盘化弹药"

美国空军"金帐汗国"项目完成第一阶段飞行试验，转入虚拟武器试验环境开发。5月，美国空军"先锋"计划下发展弹药网络化协同打击技术的"金帐汗国"项目完成第一阶段最后一次飞行试验，试验中两架F-16战斗机分别投放2枚和4枚"合作式小直径炸弹"，随即弹间与地面站间建立无线电通信，飞行中实现高优先级目标重新规划，完成多弹同时命中多个目标、双弹同时命中同一目标等试验。此前，该项目于 2020 年 12 月和 2021 年 2 月完成首次弹间合作飞行试验及 "4 弹同时命中 4 个不同目标" 的飞行试验。9 月，项目已从现役武器协同验证转变为开发 "斗兽场" 数字化武器试验环境，支持在 "实况－虚拟－构造"（LVC）环境中开展新型网络协同与自主武器技术的快速开发与验证，将加速美国空军新型机载网络协同武器的发展。

英国启动机载弹药协同打击技术研究项目。7 月，英国国防部国防科技实验室启动 "协同打击武器技术演示器"（CSWTD）项目，将探索通过升级弹载软件实现弹间通信，使机载导弹协同打击目标，提升其对威胁或场景变化的响应能力。项目研究周期 2 年，计划开展一次演示验证。

## 六、网络信息及指挥控制相关技术发展为跨平台协同空战能力提供支撑

网络信息技术、指挥控制技术等将实现跨平台资源有效整合和综合利用，为新作战样式的生成提供重要基础。美英开展网络信息、指挥控制相关技术研发与试验，为实现跨平台协同空战铺路。

美国空军先进战斗管理系统（ABMS）持续开展试验。美国空军先进战斗管理系统旨在发展多域战场管理指挥控制能力，2021 年该系统的演习试验更名为 "架构演示与评估"，分别在 2 月和 7 月开展了第 4 次和第 5 次演习试验，更多作战部队参与试验，测试了空天地作战平台间的信息传输和交互。美国空军还宣布该项目将在 2022 年部署应用首个硬件产品，是安装在 KC－46 加油机上的通信吊舱。随着先进战斗管理系统的持续完善和进化，美军作战指挥控制能力将得到大幅提升。

英国皇家空军 Nexus 战斗云准备就绪将投入使用。英国皇家空军正在发展的 Nexus 战斗云通过建立一个分散的、具有网络弹性的协作信息网络,使用基于云的技术将陆地、海洋、空中和太空的节点相连接,实现实时融合传感器数据,以提供增强的态势感知能力。英国皇家空军已利用空客 A330 加油/运输机等完成了 Nexus 战斗云试验。7 月,英国皇家空军官员表示该 Nexus 战斗云即将投入使用。

## 七、材料与制造技术创新保障空战装备研发

随着数字技术、信息技术等的发展,材料、制造等基础性技术正在航空科技预先研究、装备研制过程中扩展应用,加速了研发研制进程,降低了风险和成本。

### (一)新型材料技术为航空产品性能提升奠定基础

材料是航空装备发挥效力的基础,当前航空新材料技术发展正朝着不断突破性能边界、实现新功能迈进。

美国北卡罗来纳州立大学为隐身飞机开发新型复合材料蒙皮。7 月媒体报道称,北卡罗来纳州立大学研究团队正在开发一种碳纤维增强复合材料聚合物蒙皮,这种混合结构材料可实现两项具体功能:传导和绝缘。聚合物基碳氮化硅(SiCN)陶瓷使用经氧化钇稳定的氧化锆纤维进行增强,以帮助传导摄入的电磁能。由于陶瓷结构的加入,它可以承受高达 1800℃的高温。该复合材料还使用重量轻且强度高的碳纳米管进行了增强,使该材料结构本身结实耐用。该材料的测试结果显示,其反射率非常低,并且吸收了 90% 以上的入射波,而现有 RAM 的吸收率仅为 70%~80%。这种效果可使隐身作战飞机最大限度地接近不可见。此外,这种材料还具有很强的

抗氧化和抗腐蚀能力。

超轻质纳米结构材料有望成为装备重要防护结构用材。6月，麻省理工学院、加州理工学院和苏黎世联邦理工学院的工程师联合开展的一项全新研究表明，采用精确图案化纳米级结构设计制成的超轻材料，具备优异的韧性和机械强度，与钢、凯夫拉、铝和其他重量相当的抗冲击材料相比，这种新材料在吸收冲击能量方面具有更明显的效果，有望成为制造轻质装甲、防护涂层、防爆盾和其他抗冲击结构的基础用材。

**（二）创新航空制造技术助力新型航空装备开发**

航空制造技术对保证航空产品的性能、缩短研制周期、降低成本以及提高可靠性起着决定性作用，国外航空装备制造商正不断加强先进制造技术开发，以实现航空装备生产效率提升。

美国快速低成本制造技术研究取得进展。美国连续复合材料公司4月宣布为美国空军研究实验室"面向制造的机缘结构设计"（WiSDM）项目，成功制造了一副低成本可消耗飞机的机翼。该机翼采用创新的结构设计和翼梁连续纤维3D打印（CF3D）、翼肋长纤维注射成型、增材制造工装、蒙皮自动纤维铺放、自动钻孔和机器人装配等制造工艺，实现制造成本的降低和交付周期的缩短，为低成本可消耗无人机研制生产提供了新的制造技术储备。

美国洛克希德·马丁公司"智能工厂"建设初具规模。8月，洛克希德·马丁公司宣布其位于加州帕姆代尔"智能工厂"已完成基础设施建设，该设施融合了智能工厂框架、技术赋能的先进制造环境、灵活的工厂结构，综合运用了机器人、人工智能和增强现实等技术，具备快速和灵活满足用户产品制造需求的能力，将为美军先进航空装备生产提供支持。

## 八、持续探索新技术军事航空应用

国外正积极探索增强现实、5G等新兴技术在军事航空领域的应用,加速空战装备和技术变革,以充分发挥航空武器装备的作战优势。

美国空军发展增强现实飞行员训练系统。8月,美国空军授予红6公司一份五年7千万美元的合同,将机载战术增强现实系统(ATARS)集成到用于训练战斗机飞行员的T-38教练机。ATARS包含一个定制全彩色增强现实眼罩(图7),可在外界真实环境背景中叠加虚拟敌机和友机图像,帮助战斗机飞行员在空中进行多机对抗训练,替代传统的地面模拟器和真机飞行对抗训练,提高训练效率。该增强现实眼罩可与F-15和F-16战斗机飞行员佩戴的HGU-55标准头盔配合使用。11月,红6公司已开始ATARS集成到T-38教练机的安装工作,之后开展单架飞机的地面与飞行试验,后续该系统可能安装到F-16等第4代战斗机上。

图7 红6公司机载战术增强现实系统早期版本

美国希尔空军基地成功部署 5G 网络。12 月初，美国希尔空军基地举行仪式庆祝成功部署 5G 网络，这是美国军事设施的首个 5G 功能性网络。作为美国国防部选择开展 5G 应用试验的四个基地之一，希尔空军基地未来 2 年将开展动态频谱共享试验，验证 5G 网络和军用机载雷达可在重叠波段上无干扰工作，试验结果将为 5G 技术成功应用于作战奠定重要基础。

## 九、结束语

2021 年，航空强国在先进无人机技术、航空发动机技术、机载武器技术等领域取得重要进展，并正在加速推进下一代空战装备与技术的探索与研发。近期空战领域科技发展的热点包括 3 个方面：一是高超声速飞机验证机研发逐渐提上日程，相关发动机和平台技术正在加速成熟；二是人工智能、自主技术等技术促进无人机作战能力进一步拓展；三是数字工程、增强现实等新技术的推广应用正带动空战装备寿命周期的显著成本降低和效益提升。

（中国航空工业发展研究中心　吴蔚）

# 2021 年战斗机技术发展综述

2021年，航空装备强国加速推动下一代战斗机研发，实施现役战斗机装备关键部件更新与关键能力升级，开展发动机、机载系统新技术研究，为战斗机平台的更新换代与能力提升打下技术基础。

## 一、下一代战斗机概念设计和研发活动快速推进，美国领衔并保持领先位势

美、欧、日等国家与地区正在开展下一代战斗机研发活动，2021年平台发展目标已逐步清晰。

### （一）美国空军、海军联合开展下一代战斗机研究，美国空军下一代战斗机预计将出现多种型别

3月，美国海军高层透露，美国空军、海军已在深化数字工程应用、实施快速原型化、开发有/无人协同相关技术、制定新兴技术准入机制和开发标准、引入小企业激励良性竞争等方面达成共识，正联合开展"下一代空中主宰"项目研究。未来，美国空军、海军的NGAD项目都将采用"系统

簇"发展模式，机载任务系统将有较高的通用性，且都将采用开放式系统架构。但由于需求差异较大，两军种"系统簇"中的战斗机平台将存在显著区别。

4月，美国空军在发布的新版《双年采办报告》中首次展示了NGAD"系统簇"中下一代战斗机概念图。下一代战斗机将采用菱形飞翼布局、单座、双发、背负式进气道，机翼上表面有与垂尾平面形状相同的凹区，推测垂尾可放下至与机翼贴合，可在高速飞行时竖起以保证航向稳定性。报告指出该机是穿透型制空平台，将具备穿透、多域态势感知、灵活强韧通信等能力，重点提升强对抗环境下的杀伤力、生存力和持久作战能力。报告首次明确该平台将对F-22和F-35形成补充，而非替代。6月，美国空军透露，该机的主要作战任务是夺取空中优势，但也将具备对地打击能力。与F-22相比，新战斗机将显著提升载弹量和航程，以满足印太战场需要。美国空军空战司令部表示，新型战斗机可能有两种型别：一种是面向印太战场的远程和大有效载重型别，另一种是面向欧洲战场的航程相对较短、成本相对较低的型别。12月，美国空军透露，该机将具备大数据应用能力和更高的智能化水平，将凭借隐身特性和高性能计算能力建立作战优势，并利用人工智能技术快速处理/解析多传感器数据，帮助作战人员快速决策。

《双年采办报告》还确认了NGAD项目采用"数字化百系列"发展模式，以数字工程、敏捷软件开发和开放式系统架构为三大支撑手段，实现设计的连续迭代和流程的持续优化。9月，美国空军经过测算后表示，由于需要维持竞争性备选方案并迭代，"数字化百系列"采办策略将使得设计下一代战斗机的成本高于传统途径，但后续迭代速度更快、成本更低，且有助于保持工业界的活力和更新换代，能够更快地实现设计评审和螺旋升级，显著降低维护保障费用，从而实现缩短开发周期、降低寿命周期成本。

**（二）法德西三国达成协议，联合研制下一代战斗机演示验证机**

4月，空客公司与法国达索飞机制造公司达成协议，将在"未来作战航空系统"（FCAS）计划下联合制造一架"下一代战斗机"演示验证机。5月，法国、德国和西班牙三国政府达成协议，允许企业界合作伙伴开发FCAS项目的首架NGF原型机。

4月，法国赛峰集团与德国MTU公司签订协议，宣布下一代战斗机在研制初期将采用目前"阵风"战斗机配备的M88发动机，待新发动机研制成功后再换装。4月末，法国赛峰集团和德国MTU公司联合组建欧洲军用发动机团队公司，双方各持股50%。同日，欧洲军用发动机团队公司和西班牙ITP公司达成联合研发NGF发动机的协议，使三国在FCAS项目的研制工作中承担平等责任。具体任务分工上，赛峰集团负责整体设计和集成工作，MTU公司负责发动机维护工作，ITP公司负责开发低压涡轮和喷管等工作。NGF发动机将采用变循环技术，并可能创新性地引入混合动力技术，以利于机上能量管理。

8月，法德西三国国防部长签署协议，同意继续进行FCAS项目的下两个阶段——第1B阶段和第2阶段。三个国家将共同承担1B阶段（2021—2024年）36亿欧元和第2阶段（2024—2027年）最多50亿欧元的资金。该协议将为研究下一代战斗机验证机提供充足的资金，为诸如发动机、空战云网络、遥控载具等关键技术的演示铺平道路。根据德国BDLI组织的文件，在第1B阶段框架内，法国、德国和西班牙的任务分工分别约为38%、32%和30%。

**（三）英国"暴风"战斗机正式进入概念和评估阶段，发展雷达系统与能量管理技术**

7月，英国国防部授予英国BAE公司金额约2.5亿英镑的"暴风"战斗机项目合同，标志着该项目正式进入概念和评估阶段。该阶段将持续到 2024 年，运用数字工具和技术以设计、评估和修正"暴风"的最终方案和能力需求。"暴风"项目团队正与其供应商合作，推动数字转型，采用敏捷方法，将先进技术、效率、生产速度和低成本相结合。

1 月，英国"暴风"战斗机项目雷达系统开发团队表示，已于 2020 年 10 月设定新设计标准，新雷达将具备每秒处理相当于 9 小时高清视频数据的能力。开发商列奥纳多公司正开展小型化接收机设计，以使接收机能安装在机头部位并与天线阵列集成，最终取消射频电缆；同时，接收机与信号处理机之间的数字化信号传输可通过光缆实现，从而解决信号传输中的损耗问题。

11 月，BAE 公司表示，"暴风"战斗机对能源的需求量近似于一个小镇的用量，因此需要对能量管理的全流程进行创新。该公司已与罗尔斯·罗伊斯公司等企业展开合作，研究发动机嵌入式发电技术，其目标是从待机状态快速进入供电数百千瓦状态，提供"按需供电"能力。此外，BAE 公司认为，"暴风"的机载传感器将产生更高的功率需求，必须从基于模型的系统工程入手，发展新颖解决方案，充分考虑未来可能出现的新兴技术对能量管理提出的新需求。

**（四）日本采用国际合作方式加快研制其下一代战斗机**

6 月，日本防卫省公布了将数字工程技术应用于 F – X 下一代战斗机项目，旨在提升设计、开发、生产和维护飞机的质量和效率。此外，日本防卫省还在对开放式系统架构（OSA）进行研究，利用其实现火控、导航、通信、电子战等系统的互用和连接，以便未来能够低成本快速升级子系统。

12 月，日本防卫省宣布，日本选择英国作为合作伙伴，由英国罗尔斯·罗伊斯公司和日本 IHI 公司合作开发下一代战斗机发动机的验证机，并参与发动机进气口和尾喷口附近区域的机体研发工作。预计，日本下一代战斗机开发项目将于2026年开始原型机制造，2030年开始试飞，2035年左右列装。另外，经防卫大臣与财务大臣协商后，2022年度下一代战斗机项目预算确定为858亿日元（约合47.8亿元人民币）。

## 二、现役第五代战斗机能力不断拓展，新型五代机加速研发

美俄先进国家注重通过升级拓展新型第五代战斗机能力，韩国、土耳其等国家正在推进本国第五代战斗机研发。

### （一）美国海军、空军注重F-35能力全面升级

1月，诺斯罗普·格鲁曼公司、BAE公司与洛克希德·马丁公司签订合同，三方将联合为F-35战斗机加装AN/ASQ-242综合导航、通信与识别系统与AN/ASQ-239电子对抗套件，以期达到最佳使用效果。其中，AN/ASQ-242综合导航、通信与识别系统配有多功能数据链，具有敌我识别、自动提取航路点等27种完全一体化的作战功能，既能满足F-35战斗机对航电设备尺寸、重量和功率的需求，还能同时完成多种关键操作。AN/ASQ-239电子对抗套件具有雷达预警、目标锁定、自我防护等功能，是F-35战斗机探测和攻击防护严密目标的关键设备。

2月，美国海军东部舰队战备中心（FRCE）首架F-35B战斗机开始接受激光喷丸改造。激光喷丸工艺使用高能激光脉冲来强化材料，不增加额外的金属或重量，从而提升飞机寿命、降低维护成本。

4月，美国空军披露了其"战斗机优化实验"项目（Project FoX）的基本情况与近期取得的进展。该项目于2016年启动，旨在持续快速集成先进的软件和硬件技术，以大幅提升F-35的杀伤力和生存力，同时为美国国

防部所有军机创建一种敏捷开发试验工具。项目团队最近在地面试验中首次将 F-35 的数据直接从机载任务系统计算机实时传输到与之互联的平板电脑,演示并证实了可从试飞测试系统中获取数据,转换后传输至商用平板电脑的移动通信应用程序中。该项目将在 F-35 上继续进行地面试验并启动试飞,还将在 F/A-18、F-16 和 F-22 等多型战斗机上测试,以实现与任何平台兼容。

**(二) 美国空军即将完成 F-22 增量 3.2B 硬件升级和"更新 6"软件升级**

10 月,美国空军和洛克希德·马丁公司开始测试"'猛禽'敏捷能力发布系统"。该系统使用开放式系统架构,将实现 F-22 与其他支持 Link 16 数据链的飞机之间的双向信息交换。

12 月,美国空军表示,F-22 即将完成增量 3.2B 硬件升级和"更新 6"软件升级。增量 3.2B 硬件升级旨在使 F-22 具备挂载 AIM-9X Block2 "响尾蛇"导弹和 AIM-120D "先进中距空空导弹"的能力,并集成新的电子防护技术、新硬件、增强的地理定位能力和扩展的"机间飞行数据链" (IFDL) 功能。"更新 6"软件升级包括"关键互用性更新"以及对雷达和 IFDL 稳定性的改进。

**(三) 俄罗斯持续拓展苏-57 综合作战能力**

5 月,俄罗斯国防部透露,苏-57 战斗机安装了特殊的硬件和软件,具备为 S-500 "普罗米修斯"和 S-400 "凯旋"远程防空系统提供目标指示能力,也能从地面雷达获取空中目标数据,从而增强防空系统的战斗力。目前,俄军方计划将苏-57 与"自动化防空控制系统"进行进一步集成,使其还能够与"山毛榉"-M3、"道尔"-M2、"铠甲"-S1 等中近程防空系统交换目标数据,以提升防空作战效能。

7月，在2021年莫斯科航展上，俄罗斯技术集团电子控股公司展示了苏－57战斗机的S－111通信综合系统。该系统采用了先进高速信息传输技术和网络解决方案，可与其他机载无线电子系统深度集成，能使苏－57与其他飞机、地空海面控制站进行可靠的无线电通信和数据交换。

10月，俄罗斯为苏－57战斗机开发"幼虫"－MD高超声速武器系统。该高超声速武器系统将装载在苏－57内置弹舱中，该导弹的飞行速度为马赫数8～10。12月，俄罗斯再次透露在所生产的76架苏－57战斗机中，将会有约25架配备新型发动机和高超声速导弹。新型发动机应为"产品－30"发动机，可为苏－57提供超声速巡航能力，预计新型发动机将在2024年完成装机测试，2026年开始交付测试，而装备新型发动机的苏－57将于2027年进入军队服役。高超声速导弹很可能是Kh－47M2"匕首"高超声速导弹，将在短期内装备至苏－57战斗机上。此外，苏－57还可能改型采用扁平尾喷口设计，来进一步增强其隐身性能。

11月，俄罗斯国家技术集团表示，苏－57战斗机将配装具有多个有源相控阵（AESA）天线子阵的"松鼠"雷达。该雷达是一种砷化镓AESA雷达，采用分布式天线设计，其中机头布置1个X波段主阵面，左、右机翼前缘分别布置1个X波段侧阵和1个L波段子阵。"松鼠"雷达体积小、可靠性高、操纵性好，能够实现最大限度的空域态势感知，显著提升苏－57战斗机的综合实力。

**（四）俄罗斯推出苏－75"致胜"轻型隐身战斗机**

7月20日，俄罗斯联合飞机制造公司在莫斯科航展上展出了自筹资金开发的"致胜"（Checkmate）轻型隐身战斗机展示样机，部分媒体也将其称为苏－75。公布的信息显示，"致胜"起飞重量不超过18吨，有效载重7.4吨，最大速度超过马赫数2，航程超过2800千米。从其公布的信息和展示样机各部分的细节来看,该型机采用全面隐身设计,布置了3个内埋弹舱,可配装完善的任务传感器和多种机载武器。由于全面沿用苏-57和苏-35S成熟技术,并采用单发轻型设计和同步设计的自动化保障系统,"致胜"单价据称仅为2500万~3000万美元,接近四代机。与动辄近亿美元的F-35或双发重型五代机相比,"致胜"具有显著的成本优势。"致胜"在设计上采用深度模块化开放式理念,能够紧贴市场需求,按照不同客户要求实现配置和功能定制。总体上看,该型机是世界首型优先针对国际军贸市场研制的第五代战斗机,对于俄未来维持军贸大国的地位具有举足轻重的作用。

**(五)韩国展示首架 KF-21 战斗机原型机**

4月,韩国航宇工业公司(KAI)举行首架KF-X战斗机原型机出厂亮相仪式,并宣布该机编号为KF-21,命名为"小鹰",原型机计划在2022年首飞。韩国将该型机定位为可与F-16最新改进型等媲美的"四代半"战斗机。该机采用部分隐身设计,配装2台美国通用电气F414-GE-400发动机,具有红外探索与跟踪、电子光学追踪、电磁干扰等能力,配有有源相控阵(AESA)雷达,可挂载欧洲"流星"中远距和"IRIS-T"近距空空导弹及现役各型美制空地弹。未来,KF-21还将采用有人/无人协同作战模式作战。

**(六)土耳其加速推进国产 TF-X 第五代战斗机开发**

4月,土耳其政府表示,将集中力量自主研制生产TF-X国家战斗机(MMU),预计将于2023年3月推出首架原型机。据报道,目前飞机航电系统、控制和液压等系统的研制工作进展顺利,飞控软件、飞行管理软件和任务软件均已实现100%国产化。12月,土耳其政府表示TF-X战斗机初期将使用美国通用电气公司的F110加力涡扇发动机,后期将使用自行研制的发动机为 TF-X 提供动力。

## 三、第四代战斗机持续进行改型和作战能力升级

美欧相关国家与地区第四代战斗机升级改进不断取得进展，推进平台作战能力提升。

### （一）F-15EX 实现首飞，美重视四代机电子战系统和战术吊舱研发

2月，波音公司为美国空军研制的 F-15EX 战斗机完成首飞，并于 10 月启动初始作战试验与鉴定（IOT&E）工作。F-15EX 升级了电传飞控系统、数字式座舱、AN/APG-82（V）1 有源相控阵雷达和"先进显示核心处理机"Ⅱ，还将标配 AN/ALQ-250 "'鹰'被动/主动告警与生存力系统"（EPAWSS）机载电磁战系统，显著提升其任务效能和在强对抗环境中的生存力。

3月，美国空军为 F-15 系列战斗机研发认知电子战系统。现役 F-15 系列的机载电子战系统由 BAE 公司负责研制，主要依据射频信号数据库识别威胁信号源，并采取相应的对抗措施。而新型认知电子战系统将通过应用人工智能和机器学习算法以及可编程/知识辅助认知电子对抗相关技术，能够有效为电子对抗系统提供算法支持，从而使载机在复杂信号环境中更快/更智能地识别新兴威胁信号源，更迅速实施对抗，提升 F-15 系列战斗机作战和生存能力。

5月，F-16 战斗机配装了诺斯罗普·格鲁曼公司的全新"莱特宁"瞄准吊舱。该瞄准吊舱具备全彩色数字视频能力，能够为飞行员提供更清晰的战场图像，提升瞄准速度和准度；能够同时显示彩色和红外三种不同的视图。

11月，F-16V首次挂载诺斯罗普·格鲁曼公司AN/ASQ-236"龙眼"战术Ku波段有源相控阵雷达吊舱，将提供全天候、多目标探测、跟踪和交战能力。

### （二）"台风"战斗机注重作战能力提升

8月，北约欧洲战斗机和"狂风"战斗机管理局（NETMA）与欧洲战斗机公司签署一份约3亿欧元合同，旨在提升"台风"战斗机作战能力。根据第一阶段合同，"台风"战斗机将配装"流星"超视距空空导弹；将机械扫描雷达换装为有源相控阵雷达；提升"硫磺石"精确制导导弹空对地作战能力；改进座舱显示格式；改进"多功能信息分发系统"（MIDS）Link 16数据链，增强互操作性；改进"防御辅助子系统"（DASS）。

### （三）法国"阵风"F3-R标准型战斗机达到完全作战能力

3月，法国海军和法国空军"阵风"F3-R标准型战斗机达到完全作战能力，已开始服役。该型机装备了RBE2有源相控阵改型雷达、"流星"远距空空导弹，可携带"瞄准与远程识别光学系统"（TALIOS）高分辨力激光指示吊舱、自动地面防撞系统（AGCAS）等，空中优势、目标识别、对地攻击等能力得到显著增强。

### （四）"鹰狮"E战斗机开始交付

11月，瑞典萨伯公司宣布"鹰狮"战斗机的增强型"鹰狮"E进入交付阶段，6架批生产型机已离厂，正进行交付前试验，其中4架将交付给巴西空军、2架交付给瑞典国防军备部。与此前的"鹰狮"C/D型相比，E型换装了通用电气公司F414G发动机，推力提高20%，加力推力达到9980千克力；增大了起飞重量，比同样是单座的C型增重2.5吨，达到16.5吨；挂载点达到10个，可携带多达7枚超视距空空导弹和2枚"IRIS-T"近距空空导弹；安装了塞莱克斯公司的"渡鸦"ES-05有源相控阵雷达、"天空"-G红外搜索和跟踪传感器；配备先进的电子战和通信系统；采用驾驶舱广域显示设计，嵌入人工智能系统支撑飞行员快速决策和执行任务。

## 四、结束语

目前，全球范围内航空强国持续投入大量经费快速推进下一代战斗机的概念设计和相关技术研究，有人/无人协同作战概念和开放式系统架构已成为共同认识。与此同时，第五代机和第四代机都在积极通过加装和改进多功能任务系统提升作战能力，以及增强复杂环境下的生存力和战斗力。

（中国航空工业发展研究中心　黄涛　潘锐）

# 2021 年支援保障飞机技术发展综述

2021 年，主要国家在对现役支援保障飞机实施技术升级的同时，关注新型空中加油机、信息支援飞机装备的研发，以持续保持空中作战支援保障能力。

## 一、运输机

### （一）美国现役军用运输机持续升级改进

**1. C–5 进行系列航电系统升级**

美国空军 C–5 运输机队将进行航电升级改装，这些升级旨在提高飞机的性能和效率，其中将对 C–5 机队的核心任务计算机，彩色气象雷达（CMC/WxR）系统，通信、导航、监视和空中交通管理（CNS/ATM）系统进行升级。此外，还将升级机载大型飞机红外对抗系统（LAIRCM）。升级合同授予了泰奥尼克公司，已完成 2 架 C–5M 升级，其余 50 架飞机从 6 月开始改装，将于 2025 年 7 月完成。

**2. C–130 升级不断扩展任务范围**

柯林斯宇航公司通过实施多项现代化改进措施，推动实现 C–130 运输机的多任务/可持续特性。为使 C–130 平台保持先进性和广泛适用性，柯林斯宇航公司提供了 21 种不同的现代化解决方案，包括机轮/刹车、螺旋桨、航空电子设备、座椅、任务设备、地面系统/支援设备等升级措施，并帮助客户简化维护、修理和大修（MRO）进程。上述现代化解决方案可按需定制。2021 年该公司完成了美国海军 C–130T 和 KC–130T 运输机的首次刹车系统升级。9 月，柯林斯宇航公司成功完成 C–130J 运输机应用增强视觉系统（EVS）的试飞，该系统使用多个波长摄像机来帮助飞行员在较差的能见度环境中飞行。

美国海军陆战队战术空运计划办公室 9 月宣布，该军种第 10 架也是最后一架 KC–130J 运输机已集成"收获鹰+"（HH+）套件并于 8 月下旬交付，至此该套件形成全面作战能力。HH+套件全称"增益型收获'大力神'机载武器套件"，旨在为 KC–130J 飞机加装情监侦/武器任务套件，即 MX–20 光电/红外（EO/IR）成像系统和货舱尾门导弹投放装置，从而使得该机除原本的空运/空中加油等能力外，还具备了 AC–130 系列炮艇机的攻击能力。

4 月，美国空军国民警卫队预备役司令部试验中心（AATC）开展了 C–130 运输机加装"莱特宁"（Litening）传感器吊舱的试验。该吊舱已被美国空军战斗机和轰炸机使用，用于定位、锁定和瞄准敌方各类目标。C–130 飞机也可使用该吊舱来测量某个作战区域和跟踪所分派的目标，以帮助完成精确空投。该吊舱可通过增加生成空投位置的坐标、定位并规避敌方和敏感物体（如人员和建筑）、跟踪被空投的补给品等来助力 C–130 的空投任务。

**（二）美国空军开展军用运输机投放"托盘化弹药"系统级试验**

美国空军"速龙"项目正在发展将防区外空地导弹装箱安置于军用运

输机货物托盘并且在飞行中投放，以实现较低成本发动大规模远程打击。8月，美国空军完成 C-17A、EC-130SJ 运输机投放"托盘化弹药"的首轮系统级飞行试验，实现了首次使用模块化部署箱成功进行高空空投，首次使用托盘化武器部署系统成功投放多枚导弹，首次通过联合空对面防区外增程导弹（JASSM-ER）模拟弹和武器部署系统完全分离来检查武器发射时的空域和时间冲突等问题。12月，该项目完成最后一次系统级试飞同时也是首次实弹发射试飞，试验中 MC-130J 运输机飞行中接收新的瞄准数据，随后中继传输给 JASSM-ER 试飞弹（FTV），并完成该巡航导弹的投放并击中目标。后续项目将开展 C-17A 投放巡航导弹的实弹发射试验。

### （三）俄罗斯在现役飞机基础上发展新运输机

俄罗斯联合飞机公司表示，可以采用新的设计方法和技术，在伊尔-76MD-90A 运输机基础上开发设计一系列特种飞机。俄罗斯联合飞机公司已在伊尔-76MD-90A 运输机基础上开发了伊尔-78M-90A 空中加油机，目前正在开发 A-100 先进预警机和伊尔-78MK-90A 远程加油机。5月，俄罗斯联合飞机公司所属的乌里扬诺夫斯克航空之星-SP 飞机制造厂改装后的新生产线完成了第一架伊尔-76MD-90A 运输机的总装，随即这架飞机被转移到试飞站，用于地面和飞行试验。新生产线可使飞机装配的劳动强度降低38%，将使飞机产量增加到每年10架。

### （四）空客公司为 A400M 运输机开发无人机发射装置

1月，空客公司完成配装 A400M 运输机的无人机发射装置的开发，并公布了发射装置原型及运用构想视频。A400M 的无人机发射装置为机电弹射式发射装置，置于尾门，设想 A400M 在飞行中放下尾门，将无人机头朝内尾朝外弹射离机，离机后无人机调姿降高飞行。空客公司已开展发射装置原型与其 Do-DT25 无人机配合使用的地面试验，正在进行集成测试和飞行试验。

**（五）巴西 KC–390 运输机开展多项试验**

2月，巴西空军 KC–390 运输机在阿拉斯加开始寒冷天气试验，寒冷天气试验的目的是验证飞机在 –33℃ 的极寒环境下运行情况，监测飞机机体和零部件由寒冷引起的潜在裂缝。4月，巴西航空工业公司成功完成两架 KC–390 运输机之间的飞行加油认证试验，KC–390 利用翼下加油吊舱以及软管–锥套系统将航空燃料输送给另一架飞机。7月，KC–390 运输机开始进行简易跑道试验，以分析 KC–390 飞机在简易起降环境下的运行情况。

**（六）韩国计划自主开发中型多用途军用运输机**

4月，韩国国防采办计划管理局（DAPA）与韩国航空航天工业公司（KAI）签订自主开发多用途军用运输机的协议，DAPA 还要求自主开发的中型运输机具备侦察和海上巡逻等功能。KAI 公司 2020 年下半年就已开展多用途军用运输机的开发工作，该公司预测韩国军方未来 30 年将需要 100 架运输机。5月，KAI 发布了一段简短视频，介绍了其未来军用运输机设计方案。从视频来看，该运输机与日本 C–2 运输机和乌克兰安–178 运输机外形相似，是一种多用途飞机，可承担货物运输、空中加油、侦察和海上巡逻以及火箭发射等任务。

## 二、空中加油机

**（一）美国 KC–46A 加油机开始执行有限空中加油任务**

美国空军 2021 年稳步扩大 KC–46 的能力，缓解 KC–135 和 KC–10 的压力。经过 6 个月的测试和评估，美国空军于 7 月批准 KC–46A 加油机使用其中心线锥套系统进行有限操作，执行符合特定标准的日常加油任务。

8月，美国空军空中机动司令部批准了KC-46A加油机的第二次"临时能力许可"，允许该机执行更多加油操作，在某些情况下为C-17运输机、B-52轰炸机和其他KC-46A实施加油。10月，美国空军空中机动司令部批准KC-46A第三次"临时能力许可"，解除该机因加油吊杆问题而受到的使用限制，允许为F-15和F-16战斗机进行空中加油。12月，美国空军再次发布KC-46A加油机"临时能力许可"文件，批准第三批适配的受油机型，包括AC-130J炮艇机、HC-130J加油机、MC-130J特种作战飞机、C-5M战略运输机和E-3G预警机。至此KC-46A的受油机型已扩展至美国空军现役机型的近70%。目前，美国空军仍在评估KC-46A为F-22、F-35战斗机和B-2轰炸机加油是否安全。

**（二）美国空军启动新的加油机论证和竞标**

美国空军机动司令部官员2月表示，美国空军可能最早在2022年提出未来空中加油机（以前称为KC-Z）的愿景。该军种打算在2022财年开展新型的先进空中加油机备选方案分析，研究重点包括：如果飞机上没有飞行员进行驾驶或没有加油装置操纵员为其他飞机加油，空中加油过程可以完成的程度；是小型机还是大型机；采用何种自卫措施；必须具有什么样的电磁频谱能力。

美国空军还启动了"过渡型加油机"（KC-Y）的采购，该机介于KC-46加油机服役后、未来加油机开发之前。7月，美国空军发布"过渡型加油机"信息征询书（RFI），要求竞标公司提交有关加油机航程、载油量等指标参数，明确竞标加油机必须配备先进传感器、具有较强的态势感知能力，能实现指挥控制功能、能发挥战场管理作用，能执行货运、客运、医疗后送任务。作为商用改型飞机，"过渡型加油机"将基于已有和新兴技术，进行全面和公开的采办竞争，计划既不考虑隐身，也不考虑无人能力。

美国空军希望供应商每年能交付15架该型加油机,总计交付140~160架,替换老化的KC-135机队。这种加油机将在2029年投入使用,也是最后一架KC-46A交付的时间。洛克希德·马丁公司9月发布了竞标KC-Y加油机项目的LMXT加油机方案,LMXT以空客公司A330多用途加油/运输机(MRTT)为基础,重点提高了航程和加油速率,采用开放架构,可作为多域作战行动(MDO)中的空基节点,在提升自身态势感知能力的同时实现加油机与广域战场空间的互联互通。

### (三) 空客公司完成自动空中加油系统开发

5月,空客公司宣布,为A330多用途空中加油/运输机研制的"自动空中加油"系统,完成所有研制飞行试验,将正式投入实战应用。"自动空中加油"系统在研制飞行试验过程中实现了自动对接、全自动伸缩套管系统空中加油等多项"世界首次"任务。该系统无需在受油机上安装额外设备,可自动控制加油套管与受油机对接、供油和脱离,大幅减轻空中加油操作员工作负担、提高安全性、优化空中加油效率。该系统的应用还可降低加、受油机训练难度,减少训练对飞机寿命的消耗。

## 三、信息支援飞机

### (一) 美国空军发布E-3预警机替换需求通告

10月,美国空军发布E-3"望楼"预警与控制系统飞机更新换代跨部局通告(BAA),计划开展相关的研究与分析工作。该文件对外公开的细节非常有限,但明确指出其内容包括"现有E-7A预警机基线配置相关活动"的研究与分析,以及要求意向企业"研判政府需开展哪些附加工作才能满足美国空军的配置标准和任务授权"。

## （二）俄罗斯开始制造首架基于伊尔-96的战略指挥机

7月，俄罗斯沃罗涅日飞机制造公司已开始制造首架以伊尔-96-400M宽体客机为平台的战略指挥机。该机配备先进无线电系统，可对6000千米范围内的俄军核力量下达任务指令，并具备空中加油能力，还将配装自防御系统以提升生存力。俄罗斯空天军已订购2架，并可能增购1架，用于取代现役的伊尔-80战略指挥机。

## （三）美国空军EC-37B电子战飞机完成首飞

10月，美国空军EC-37B电子战飞机成功完成首飞。该机以"湾流"G550大型公务机为平台，配装"罗盘呼叫"电子战系统，将替换美国空军现役的EC-130H电子战飞机，成为该军种主要的防区外电子战和电子信号侦察机。

## （四）印度将A320客机改装为预警机

9月，印度内阁安全委员会批准将印度航空公司6架空客A320客机改装成空中预警与控制飞机，该机将为印度国防军提供全方位空中监视能力。印度国防研究与发展组织（DRDO）在2021年印度国际航展上展出了以空客公司A320客机为基础改装的预警机（AWACS）模型。该预警机模型后机身配有DRDO机载系统中心（CABS）开发的Netra机载240°扫描预警雷达，切掉的机头部分可能是主动电子扫描阵列（AESA）雷达。

## （五）KAI为韩国空军开发新的ISR飞机

11月，韩国航空航天工业公司获得韩国国防采办计划管理局价值7.5亿美元的合同，将成为韩国空军Baekdu-II情报、监视和侦察（ISR）飞机系统项目的主承包商。韩国新ISR飞机将以达索"隼"2000LXS公务机为平台，任务系统由KAI和韩国LIG Nex1公司合作开发。KAI将作为包括情报收集设备和传输/接收系统在内的任务航电设备集成商，牵头开发地面系统以及综合系统支持设备。

## 四、结束语

总的来看，航空强国在研发新型支援保障飞机的同时，注重通过研发新系统、技术升级等拓展现役飞机的新能力，为保持空中作战优势提供支撑。

（中国航空工业发展研究中心　姜廷昀）

# 2021年军用直升机技术发展综述

2021年,以美国为首的直升机装备、技术大国在保持常规直升机技术研发、装备升级的同时,不断加强高速旋翼机、无人直升机的研发力度,加快了其技术成熟、工程转化的速度,涌现出了更多新型号、新方案,加快了旋翼机装备升级换代的速度。

## 一、多国推进高速旋翼机研发,美国仍处领先位势

### (一)美国陆军"未来远程攻击直升机"项目转入竞争性演示与风险降低阶段

美国陆军3月底宣布,贝尔公司和西科斯基-波音团队已分别与该军种达成协议,将转入"未来远程攻击直升机"(FLRAA)项目新一阶段工作,即竞争性演示与风险降低阶段Ⅱ。该阶段预计持续至2022年,贝尔公司的V-280"勇士"和西科斯基-波音团队的SB-1"挑衅者"将展开角逐。

根据美国陆军航空计划执行办公室的要求,FLRAA项目将在风险降低阶段Ⅱ中加速把数字工程设计推广至子系统层级,从而在降低相关工业基

础风险的同时保持竞争性。

6月，贝尔公司宣布其V-280"勇士"倾转旋翼机低速机动、远程巡航、高速飞行（约565千米/小时）以及快速加载任务系统等所有试飞项目已完成。整个试飞阶段历经3年，5名陆军试飞员试飞15个架次，累计飞行214个小时。后续将展开竞标演示与风险降低第二阶段的工作，对V-280主要子系统以及挂载武器系统进行初步设计，保证按照美国陆军要求的时限交付竞标样机。

7月，美国陆军正式向贝尔公司和西科斯基-波音团队授出"未来远程攻击直升机"项目方案征询书，计划2022年选择中标方案，该方案征询书未对外公开详情。目前两家竞标方均处于技术演示和风险降低阶段。美国陆军表示，中标方将获得一份有望延长至低速初始生产阶段结束的合同，涵盖系统研发、原型设计、飞行试验和装备部署等环节。

**（二）美国陆军批准"未来攻击侦察直升机"项目需求，推进技术研发和试验**

4月，美国陆军需求监督委员会签署"简要能力发展文件"，批准了"未来攻击侦察直升机"（FARA）项目的需求。该文件明确了初始武器系统需求，使项目团队能够据此制定武器系统规格。2020年3月，美国陆军已选择西科斯基公司和贝尔公司的竞标方案进入"未来攻击侦察直升机"项目原型机竞争演示工作。

10月，美国陆军开展了FARA武器系统和发射装置飞行测试。本次测试基于西科斯基UH-60"黑鹰"测试平台，主要进行了通用动力公司的XM915 20毫米加特林机枪和模块化空射效应系统发射装置原型的测试。

FARA将通过内埋式导弹、火箭弹和空射效应系统等有效载荷的方式，保持载机的空气动力学效果。该机配备两个模块化空射效应系统发射装置，位于平台两侧,且发射装置能混合配置多种空射效应系统,具备发射各类效应/武器的灵活性。另外,模块化空射效应系统发射装置有 4 个发射端,均可独立配置,可按照作战场景选择发射载机携带的任何导弹、火箭弹或空射效应系统(如空射无人机)等。

### (三) 美、俄等国推出多个新型高速旋翼机概念方案

8 月,美国贝尔德事隆公司公布"高速垂直起降"(HSVTOL)新型军用飞机设计概念。该概念融合了倾转旋翼、数字飞控、新兴推进等先进技术优势,可使直升机悬停能力与战斗机速度/作战距离/生存能力等优势特点有效融合,实现旋翼机性能的有效创新突破。HSVTOL 新型军用飞机设计概念主要包括以下特点:低下洗流悬停能力,喷气巡航速度超过 400 节(740 千米/小时),出色的跑道独立性和持续悬停能力,可有效支撑无人回收、战术机动等多种作战任务,可用于 1.8~45.4 吨最大起飞质量的方案。

10 月,美国卡曼公司在公务航空会议暨展览会上展出 Vy 400 高速垂直起降倾转旋翼机,并与美国 Transcend Air 公司签订该机生产合同。Vy 400 为电传飞控型六座倾转旋翼机,由 2500 轴马力的 GE 公司 CT7-8 涡轴发动机提供动力,最高目标时速为 659.3 千米/小时。

11 月,俄罗斯直升机公司透露其正在研制一种新型高速武装直升机,以取代现役米-28 和卡-52 直升机。新型武装直升机将可选择有人或无人驾驶模式,能够实现不同飞行器之间以及与地面站之间的信息交换,可配装多种机载武器。该机将采用与卡-52 直升机类似的共轴双旋翼设计,但飞行速度将有显著提升。

12 月,美国初创公司 Overair 公司宣布与美国直升机运营商布里斯托公司展开合作,合作研发"蝴蝶"(Butterfly)电动垂直起降(eVTOL)飞行器。根据已签署的谅解备忘录,布里斯托公司已经"预订"了 20~50 架

Overair 公司的"蝴蝶"飞行器。根据研发计划,"蝴蝶"可载 5 人,航程 160 千米,预计将于 2025 年完成取证。

**(四)美军对 V-22 进行技术升级**

2 月,美国海军航空系统司令部与贝尔-波音公司签订价值 8100 万美元的合同,开发、设计和改进 CV-22"鱼鹰"倾转旋翼机机舱组件。合同旨在全面实现 CV-22 可维护性、可靠性改进。合同相关工作拟根据美国空海军维护人员反馈意见,全面改进 CV-22 机舱内部设计,改进机载设备部署和布线布局,提升飞机的可维护性和保障性。这些改进随后也会应用在美军其他 V-22 型别。

9 月,美国海军航空系统司令部授出总额 2.14 亿美元的合同,对 V-22 飞控系统进行升级,要求重新设计和开发 V-22 倾转旋翼机的飞行控制系统,包括飞控计算机、驾驶舱接口单元和相关试验设备,解决或满足功能过时、网络安全计划、制造源渐失和材料短缺等事项。

## 二、无人直升机型号大量涌现,无人机编队飞行技术取得进展

**(一)美国贝尔、卡曼等公司推进多个无人直升机型号开发**

1 月,贝尔加拿大公司飞行测试团队与 ARA Robotics 公司在魁北克省的米拉贝尔工厂进行了备选型"自主吊舱运输"(APT)货运无人机的首飞活动。此项活动目的在于通过改变无人机构型探索、评估无人机性能、自主性和人机交互方面出现的变化。这种备选型 APT 货运无人机采用与立式起落飞机相同的推进系统,但机身架构与之不同。备选型 APT 无人机机身中央设有固定式吊舱,货物从机身侧面装载,机身配置后掠翼和铰接式 V 形尾翼。贝尔公司 APT 项目已经进行几百次试飞,以便改进技术性能、提高

技术成熟度，为投入生产做准备。

4月，美国卡曼公司宣布其新型无人直升机K–MAX TITAN成功完成首飞。K–MAX TITAN是全球第一种商用重型起重无人直升机，由于不受人员限制，在重复性重物起吊方面处于领先地位。新的K–MAX TITAN系统将适用于现有的及新生产的K–MAX直升机。在进行商业开发的同时，卡曼公司正在与美国海军陆战队合作，通过政府资助的合同来升级其两架USMC K–MAX直升机的自主能力。

9月，卡曼公司公布了新型Kargo中型运输直升机概念，这是一种4旋翼电传飞控无人机，能够以保形吊舱或外部吊索运送货物，旨在满足美国海军陆战队和美国陆军的潜在需求。Kargo无人机可自主飞行，无有效载荷时的最大航程为970千米，最大载重为363千克。公司正在利用自筹资金试飞一种50%比例的模型机，并建造一个全尺寸模型。Kargo无人机采用燃油发动机，未来可能采用混合动力。该无人机可安装在标准集装箱中，只需两个人就能完成卸货和操作。

**（二）俄罗斯、印度等多国开展轻型无人直升机研发**

印度斯坦航空有限公司在2021年印度国际航展上推出专供高海拔地区使用的RUAV无人货运直升机。该机装载150千克的货物，既可输送物资，也可挂载侦察装备，前机身下方配有红外/光学导引头，能够满足印度陆军多种任务的需要。目前，直升机部件和发动机都已确定，可在1~2年内开始测试。

5月，瑞士SwissDrones公司与无人系统技术公司（UST）合作，演示了SDO 50 V2无人直升机在远程检测、监视、搜索、救援任务中的突出性能。SDO 50 V2垂直起降无人直升机续航时间超过3小时，能够支持各类气候条件下全天时作业，如可在雨雪天气、风力高达21节（38.9千米/小时）的情况下正常飞行作业。SDO 50 V2无人直升机采用Flettner啮合双转子设计，负载能力与飞行稳定性显著提升；同时，垂直起降飞行模式更易于操作控制。SDO 50 V2无人直升机可由地面货车运输，并可在15分钟内快速部署。该机支持40千米及以上的远程操控/任务执行。SDO 50 V2可配装多种传感器/载荷（如万向节安装光电/中波红外传感器、激光雷达传感器、高光谱相机、放射性粒子探测器等），可执行多种远程任务，具备飞行自主能力。

10月，莱昂纳多公司研发的AWHero小型旋翼无人机顺利通过意大利国防部航空兵装备与适航性管理局（DAAA）的基本军事认证，这也是全球首个200千克级小型旋翼无人机的军事认证。AWHero无人机的设计、开发、生产和保障均满足军事适航当局的要求，能够为军队提供最高水平的任务安全、可靠性和出勤率，为进一步开发、集成和验证扩展能力铺平了道路。

10月，韩国航空航天工业公司在2021年首尔国际航空与防务展上发布了一段视频，公布了其基于"轻型攻击直升机"开发的无人型攻击直升机概念。这种直升机能够由有人驾驶的轻型攻击直升机操纵，也能够由波音公司AH-64E"阿帕奇"攻击直升机操纵，可在有人机前方飞行，提供超视距战场态势感知能力，也能攻击可能对有人驾驶直升机构成威胁的目标。"轻型攻击直升机"基于空直公司H155直升机开发，机头可携带光电/红外（EO/IR）传感器和一门20毫米"加特林"炮，机身短翼可携带火箭弹发射装置。

11月，以色列Steadicopter公司公布电动无人直升机"黑鹰"50。该机最大起飞质量50千克，有效载荷30千克（包括有效载荷和附加电池），续航时间2小时，可用于搜救、情报、天然气和石油钻井平台运输以及海军任务等场景。电动型"黑鹰"50无人直升机由双电动机驱动，具有汽油动力型"黑鹰"50所有功能，包括垂直起降能力和长时间悬停能力，并配备了适用于全天时所有任务场景的先进传感器套件。此外，与"黑鹰"系列的其他平台一样，该机对高空飞行具有极强的适应性，使其可部署在许多高空作战场景中。

俄罗斯直升机公司公布了数个无人直升机研发计划。一是 7 月公布的可选有人/无人驾驶型卡－226，该机将配装一个可选的控制系统来执行无人飞行。二是 12 月公布的基于 VM－V 靶机改装的察打一体无人直升机。俄直公司正在改进该机的飞行性能，并加装新的设备，增加有效载荷，同时拓展该机的航程和续航能力。预计 VM－V 无人直升机靶机滞空时间不少于 2 小时，飞行高度 2500 米，无线通信距离达到 150 千米。

### (三) DARPA 测试自主式"黑鹰"直升机与空射无人机编队飞行

11 月，DARPA 在尤马试验场进行了基于 UH－60A "黑鹰"直升机的"机组人员驾驶舱工作自动化系统"（ALIAS）自主飞行试验。飞行试验过程中，DARPA 设置了一个典型场景，即美军飞行路线受敌方防空武器压制。在这种作战场景下，自主运行的 UH－60A "黑鹰"与两架 Area－I Altius－600 空射无人机编队飞行，有效实施对地面目标的监视。Altius－600 由 UH－60A 空射运行，这也是本次试验的首次成功尝试。美军方此前曾进行过 UH－60 平台自主试飞，此轮试验旨在评估自主平台对于未来飞行场景的适配性。本次演示首次试验了 DARPA "黑鹰"直升机自主路径规划/执行任务的能力，以及在未知着陆区自主着陆的能力。

### (四) 韩国开发直升机－无人机编队控制系统

10 月，韩国国防采办计划局（DAPA）与韩国航空航天工业公司（KAI）签订 40 亿韩元（340 万美元）为期 14 个月的直升机－无人机编队（MUM－T）控制系统开发合同。该项目是 DAPA 2021 年推出的"2021 快速驾驶员采办"计划的一部分，旨在对采购的第四代先进武器装备产品进行试验性测试。MUM-T控制系统可使直升机飞行员能够直接控制编队无人机，实现飞行员利用无人机获取的实时图像信息直接控制无人机执行作战任务，从而扩大直升机的作战半径。根据合同要求，KAI要在"雄鹰"国产直升机上安装无人机控制设备和视频信息接收天线，并测试直升机-无人机联动系统。完成该项目后，KAI还计划为国产"雄鹰"轻型攻击直升机开发机载无人机，并配备相应的MUM-T控制系统。

## 三、常规构型产品持续发展，以现役型号升级改进为主

### （一）俄罗斯推进米-8、卡-52、米-28等主力型号升级

2月，俄罗斯直升机公司宣布对升级型卡-52M"短吻鳄"武装直升机原型机进行飞行试验，地点位于米里和卡莫夫国家直升机试验中心，将在2022年完成试验工作。俄直公司已经准备好组装生产型卡-52M直升机，计划2022年向部队交付首批生产型直升机。升级型卡-52M直升机配备了增程型导弹、有源相控阵雷达、升级型光电系统，以及新的驾驶舱内饰。俄罗斯国防部于2021年8月签署了卡-52M攻击直升机采购合同，首批直升机将于2022年交付。

5月，俄罗斯国防部批准了将现有的米-28NE和米-28UB直升机升级为最新的米-28NM标准的计划。升级内容包括安装双控制系统、自防护系统、现代化光电目标瞄准系统、下一代机载雷达、集成轻型多用途导弹和新一代火箭弹，并增加与无人机协同作战的功能。

9月，俄罗斯喀山直升机厂宣布，已完成升级型米-8MTV-5M通用直升机的设计研发工作，并已准备好技术参考规范，以备后续批产。喀山直升机厂表示，米-8MTV-5M直升机是俄罗斯军方使用的米-8MTV-5通

用直升机的升级型，已使用国产部件取代国外部件，并配备额外的设备、一套带有多功能显示器和数字自动驾驶仪的新型航空电子设备、一套现代通信系统和一套俄制 TA-14 辅助动力装置。此外，喀山直升机厂还计划通过集成米-38 直升机的主桨叶和 X 型尾桨，改进米-8/17 直升机。

## （二）空客直升机公司推动欧洲下一代军用直升机项目

空客直升机公司（空直）1 月表示，正在努力推动欧洲的"下一代军用直升机"（ENGR）项目，并争取欧洲防务基金的支持。空直认为，作为"下一代军用直升机"的一部分，成熟的架构不仅能提高其在军事市场上的份额，对抗美国未来垂直起降飞行器的竞争，还将确保其未来的民用市场地位。空直呼吁与意大利莱昂纳多公司共同探讨欧洲未来的军用直升机需求，并与 NH 工业集团保持现有关系。该公司还准备与英国进行接触，以更好地理解未来的任何需求，并确定最好的解决方案。

## （三）美国陆军计划为 CH-47"支奴干"直升机换装新型发动机

美国陆军计划为 CH-47"支奴干"直升机换装新型发动机，目前的备选方案包括 CH-53K 使用的 T408 发动机和 CH-47 目前使用的 T55 发动机的升级型 T55-714C。

5 月，美国陆军、波音公司和通用电气公司已经完成了 NCH-47D"支奴干"重型直升机的试验，该机配装了 CH-53K"种马王"直升机上的通用电气公司 T408 发动机。波音公司称，从 2019 年底到 2021 年初开展的 18 次地面测试和未披露数量的飞行测试结果表明，"支奴干"直升机配装更强大的发动机后，可以在降低技术和集成风险的同时，满足美国陆军未来的需求。但美国陆军表示，将 T408 涡轴发动机集成到 CH-47 上存在一些困难，直升机机体需要进行一些修改。

12 月，作为 CH-47"支奴干"直升机发动机合作研发协议的一部分，霍尼韦尔公司向美国陆军交付第一台测试发动机T55-714C。该项目和T55-714C发动机的测试计划将在两年内进行，以验证新发动机在"支奴干"平台上的优势和集成难度。升级后的发动机功率为6000马力，即使在最苛刻的作战条件下，其功率也比当前的T55发动机高23%，燃料消耗量减少8%。新的改进还使下一代T55更易于维护，运营成本更低，为作战人员提供更好的战备状态。T55-GA-714C发动机将提高"支奴干"直升机运送部队和重型货物的能力。由于该发动机是基于当前使用的T55型别，与现役型别使用相同的进气、排气和发动机挂载方式，因此只需对机身进行最少的修改，将为CH-47带来明显的性能提升，但避免了对维护和操作人员进行再培训或对平台进行重大改装。

**（四）美国空军新型战斗搜救直升机HH-60W完成开发测试**

4月，西科斯基公司宣布其完成了美国空军新型战斗搜救直升机HH-60W的研制试验。西科斯基公司和美国空军联合团队开展的最后一次试验是武器系统试验，旨在优化武器系统配置的同时，验证武器性能。

## 四、结束语

2021年度，直升机技术领域发展的重点仍聚焦在高速旋翼机和无人直升机上，多个项目方向取得了重要进展，并涌现了多个新产品、新概念。此外，常规构型直升机装备发展也在持续进行，虽以改进升级为主，但全新型号的研发并未停滞。

（中国航空工业发展研究中心　李昊）

# 2021年军用无人机发展综述

近年来，外军聚焦新型无人作战能力建设，布局大量装备技术研发项目，广泛开展技术攻关、能力验证和型号研制，先后发展出低成本可消耗无人机、无人僚机、无人加油机、空射无人机等多种新质装备，衍生出有人无人协同、无人机蜂群等新型概念，以无人化智能化为发展核心，以期在短期内发展出谱系完整的无人装备体系，持续塑造新型战场优势，极大拓展未来空中战场复杂性。

## 一、无人僚机核心技术取得重大突破，加速形成协同空战能力

无人僚机是指可与有人作战飞机密集编队、高效协同，遂行制空作战、防空压制、空中护航等作战任务的无人机系统。2009年，美国空军正式提出"忠诚僚机"作战构想，一方面，可以解决有人机服役规模有限、飞机老龄化等问题；另一方面，通过发展新质无人作战力量，构建有人无人协同的作战形态，支撑争议地区的自由军事行动，颠覆未来空战样式。当前，美欧俄正在持续开展无人僚机开发。

## （一）俄罗斯"猎人"无人机改进型完成总装

S-70"猎人"重型无人机由俄罗斯苏霍伊设计局研发的无人作战飞机，采用无尾飞翼式气动布局，机长14米，翼展19米，最大起飞重量20吨，可独立遂行制空作战、防空压制等战场任务，也可与苏-57战斗机协同编组运用，首架原型机于2019年首飞。2021年，俄罗斯新西伯利亚航空工厂完成第二架预生产改进型S-70"猎人"无人机总装，该架机与首飞型具有明显结构差异，于2022年年初开展系列地面和飞行测试，并计划2024年列装俄罗斯部队。

## （二）印度隐身无人作战飞机缩比验证机完成地面滑行试验

10月，印度国防研究与发展组织（DRDO）宣布自主研发的"隐身飞翼飞行试验台"（SWiFT）隐身无人作战飞机缩比验证机于6月开始进行地面试验，已完成地面低速、中速和高速滑行试验。该机长4米、翼展5米，采用无尾飞翼布局，目前配装1台俄罗斯联合发动机公司的36MT涡扇发动机，起飞重量为1吨级。如相关试验进展顺利，DRDO将按原定计划在该验证机基础上研制"夺命者"（Ghatak）无人作战飞机。

## （三）土耳其"旗手"无人战斗机概念首度公开

8月，土耳其贝卡尔公司首次公开"旗手"（MIUS）新型无人战斗机，该机设计飞行高度12192米，续航时间5小时，巡航马赫数为0.8，最大飞行马赫数为1，最大任务载重1500千克，可装配空空导弹、空地导弹等精确制导炸弹，遂行进攻性制空、防空压制、近距空中支援等作战任务，该公司计划2023年完成原型机首飞。

## （四）"天空博格人"自主核心系统完成多项关键测试

"天空博格人"（Skyborg）系统是美国空军研究实验室最新研制的无人自主空战系统，旨在将人工智能等算法集成于低成本可消耗无人机等平台,提供强对抗战场环境下具备高度自主水平的无人作战装备。2021年,美军持续推进"天空博格人"系统研发工作,运用多型无人平台开展"自主核心系统"(ACS)试飞验证,加快推动自主核心系统实战化能力生成。

4月,"天空博格人"项目团队使用克拉托斯公司研制的UTAP-22"灰鲭鲨"无人机,在佛罗里达州廷德尔空军基地完成了历时2小时10分钟的"自主核心系统"首飞测试,验证了包括导航飞控、包线适应、地理栅栏响应等一系列能力。8月,美国空军分别授予克拉托斯公司和通用原子系统公司一份总额1320万美元和700万美元的"天空博格人"项目合同,以支持其在2022财年开展"自主核心系统"平台集成和作战试验。10月,测试团队首次完成"天空博格人"系统有人/无人编组飞行试验,操作人员在"空中国王"200公务机上使用一台RCU-1000平板电脑操控MQ-20无人机验证了协同机间通信、态势感知、操纵控制等能力。

9月,诺斯罗普·格鲁曼公司提出Model 437无人机概念,旨在响应美国空军"天空博格人"项目需求,探索具备一定隐身能力、可自主执行情监侦和空中护航等作战任务的新型无人系统。Model 437无人机在缩尺复合体公司的Model 401飞机基础上改进而来,单机成本将控制在500万~600万美元,改装工作将耗时14个月。Model 401飞机机长11.6米,翼展11.6米,巡航速度720千米/小时,可携带907千克燃料,续航时间4小时,最大起飞质量3630千克,最大有效载荷907千克(内埋),动力系统为1台可提供13.2千牛推力的惠普JTD-15D-5涡轮发动机。

**(五)低成本可消耗无人机原型系统研制取得重要进展**

低成本可消耗无人机是美国空军研究实验室综合数字化、低成本、模块化等发展理念提出的新型无人机系统,是无人僚机的重要潜在平台。美国空军设立专门研究项目，探索和验证有限寿命/架次的低成本开发技术、新式航空武器研发和采办流程，加速能力生成。美国空军和克拉托斯、波音等公司持续加大在该领域投入，先后推出 XQ-58A"女武神""空中力量编组"（ATS）、"空狼"无人机等平台，并相继由技术验证转入原型试飞和批量生产。

3 月，美国空军研究实验室在犹他州尤马试验场完成 XQ-58A 无人机第 6 次飞行试验，进一步扩展了该机的飞行高度和速度包线，并在飞行中打开内置弹舱发射"阿尔蒂乌斯"-600 无人机，首次展示了 XQ-58A 无人机内埋弹仓的挂载能力。11 月，克拉托斯公司启动 XQ-58A 第 2 生产批次规划，预计 2022 年启动制造工作。此前，美国空军寿命周期管理中心曾与克拉托斯公司签订 3770 万美元的采购合同，依计划，该公司年内将完成 6-10 架 XQ-58A 无人机交付工作。

8 月，克拉托斯公司"空狼"低成本可消耗战术无人机在美国俄克拉何马州伯恩斯弗拉特靶场完成首飞，测试多型任务载荷和人工智能/自主软件系统。10 月，美国空军研究实验室授予克拉托斯公司一份总金额 1767 万美元的合同，设计和开发"机外传感站"（OBSS）项目，以验证基于开放式架构的低成本可消耗无人机概念，实现新系统的低成本采购和快速投产目标，项目将于 2022 年 10 月完成。

波音澳大利亚公司于 2019 年启动了 ATS 无人机系统研制计划，旨在开拓其"忠诚僚机"无人机全球市场，该机由波音公司联合澳大利亚数十家企业开展研制，已获澳大利亚皇家空军支持，并参与英国皇家空军轻型可消耗新型战斗机（LANCA）计划竞标工作，其衍生产品将参与"天空博格人"项目竞标工作。2 月，波音澳大利亚公司在澳皇家空军基地完成 ATS 原型机首飞。11 月，完成双机编队试飞，期间开展了一系列关键系统性能测试和飞行数据采集,试验数据用于波音公司数字孪生相关技术研究,以支持从开发设计到生产维护的全寿命周期数字建模。

## 二、空射无人机投放回收技术日趋成熟,初步达到实战化运用水平

空射无人机是指主要由有人或无人空中载机平台挂载并实施空中发射的一类无人机,一般采用不回收、地面或空中等多种回收模式。此类无人机可携带红外/光电雷达、电子战等载荷,抵近敌防区,执行预警侦察、通信中继、火力打击、电子战、诱饵等作战任务,大幅拓展有人机态势感知、通信等能力,提高任务安全性。2021年,国外发展出多型空射无人机平台,并突破空中回收等关键技术,发展极为迅速。

### (一)美军授出"远射"无人机研制合同,发展可与战斗机协同的空射弹仓型无人机

"远射"无人机是 DARPA 提出的一种新型空射无人机武器系统,旨在探索由有人机、无人机和中远程空空导弹组成的多杀伤路径、多交战目标、多运行模态的新型空中交战概念。"远射"无人机可由运输机、战斗机等在交战区外空中投放,挂载不少于2枚空空导弹,与先进隐身战机等协同执行制空等作战任务,大幅拓展有人机的打击范围和生存能力。DARPA 在 2021 财年预算中提出了 2200 万美元的"远射"无人机项目预算需求,依计划,项目将分三个阶段进行,先后完成初步方案设计审查、详细方案设计开发和全尺寸验证机研制试飞等工作。

2月,DARPA 分别向通用原子系统公司、洛克希德·马丁公司和诺斯罗普·格鲁曼公司授出"远射"无人机项目第一阶段合同,以支持开展该

武器系统初步设计与研发。依据 DARPA 公布的概念方案，"远射"无人机外形类似 AGM-158 联合空面导弹（JASSM），机身上部安装可折叠后掠式机翼，采用背负式进气道设计，配装一台喷气式发动机，推测具备一定的亚声速巡航和隐身突防能力。随后，通用原子系统公司和诺斯罗普·格鲁曼公司分别公布了其"远射"无人机概念，与 DARPA 的方案类似，两个新方案均采用隐身设计方案，携带内埋式武器舱，安装 V 形尾翼，可发射小型中程空空导弹。

### （二）美军成功实施"小精灵"无人机空中回收测试，技术成熟度不断提升

X-61A"小精灵"无人机是戴内提克斯公司为 DARPA 研制的可空中投放和回收型无人机，旨在验证空中投放回收、先进飞行控制、低成本可消耗设计等多项关键技术，项目于 2016 年启动，2019 年以来开展大量飞行试验。10 月，DARPA 成功完成 C-130 运输机空中回收 X-61A"小精灵"无人机试验，验证了无人机空中回收技术的可行性。

"小精灵"无人机的回收系统包含了夹持装置、拖曳装置、稳定装置和 C-130 货舱内的装载系统等，该项目已完成 4 次飞行测试，收集了包括平台性能、回收装置、气动参数等相关试验数据。试验期间，DARPA 回收并维修了一架 X-61"小精灵"无人机，在 24 小时内完成第二次部署使用。一架无人机因电气系统故障在此次飞行试验中坠毁，表明美军虽然已解决"小精灵"投放回收关键技术，但距成熟的实战运用仍有差距。

### （三）"阿尔蒂乌斯"系列无人机载荷类型不断丰富，初步具备对地协同作战能力

"阿尔蒂乌斯"（ALTIUS）系列无人机是 Area-I 公司研制支持美国空军"空中发射管式无人机系统"项目的小型空射无人机，目前已发展出

"阿尔蒂乌斯"-600和"阿尔蒂乌斯"-700等多型,该系列无人机可储存在美国空军通用发射管系统,由美军C-130A运输机、AC-130J炮艇机、UH-60直升机、P-3巡逻机等进行空中投放,执行情监侦、电子战等作战任务。

8月,埃尔比特系统公司完成"阿尔蒂乌斯"-700型空射无人机首飞,该机翼展3.66米,可携带18千克的模块化载荷,续航时间1~5小时,可灵活更换任务载荷及电源模块,可手抛或由发射箱发射。10月,该公司在美国陆军亚利桑那州尤马试验场使用"阿尔蒂乌斯"-600无人机成功完成"微型枪"电子战系统演示验证。期间,无人机鼻锥中的模块化电子战载荷在90秒内"精准"定位雷达位置,展示了小型无人机的探测、识别、定位等任务能力。11月,DARPA在尤马试验场完成了UH-60A"黑鹰"直升机发射两架"阿尔蒂乌斯"-600无人机试验,并测试了协同对地监视能力。

### (四)俄罗斯公布"闪电"蜂群无人机模型,探索适应强对抗环境的空射无人作战力量

8月,俄罗斯无人机制造商克朗施塔特集团公司公开"闪电"蜂群无人机模型。该机采用折叠机翼和V形尾翼布局,装配喷气式发动机,机长1.5米,翼展1.2米,巡航速度600~700千米/小时,有效载重5~7千克。"闪电"无人机采用了隐身涂层、扁平尾喷管和背负式进气道等多项隐身技术,具有较小的雷达反射和热辐射信号特征,具备强对抗环境下的作战能力。该机已发展出侦察型、打击型和电子战型,可由运输机、战斗机、大型无人机等平台挂载,部署灵活,每架苏-57战斗机可携带8架"闪电"无人机。

## 三、垂直起降无人机选型日益丰富，实用化能力不断提升

垂直起降无人机具备可不依赖跑道起降、可悬停等优势，为地面和海上作战部队提供近距空中情监侦、物资投送、通信中继等支持，提升部队的灵活部署和机动能力。近年来，美国海军、陆军等大力发展垂直起降无人机，提升未来复杂战场适应性。

**（一）美国陆军 V-BAT 无人机正式进入原型化设计生产阶段**

4月，美国海军选定洛克希德·马丁无人机公司的 V-BAT 无人机进行垂直起降原型机设计和开发工作。洛克希德·马丁无人机公司发布最新型 V-BAT 128 无人机采用尾坐式设计，翼展3米，有效载重11.3千克，续航时间11小时，最大飞行速度约167千米/小时，实用升限约6100米。无人机采用模块化任务载荷设计，两名操作人员在30分钟内即可完成组装。

5月，美国陆军发布信息征询书，寻求加快"未来战术无人机系统"（FTUAS）项目进度。8月，陆军需求监督委员会签署"能力发展概要文件"，正式批准"未来战术无人机系统"项目需求，该项目转入快速原型阶段。美国陆军已于2019年在5个旅级部队开展了4种FTUAS竞标机型的演示和试验活动，其中包括了洛克希德·马丁无人机公司的 V-BAT 无人机，陆军计划2024财年选择最终中标方案并启动全速率生产。

**（二）美国海军 VOLY 系列无人机具备舰上货物投送补给能力**

8月，美国 Volansi 公司完成首次海军和海岸警卫队舰艇间无人机自主货物投送试验，验证了美军新型海上后勤运输补给方式。Volansi 公司新任首席执行官是美国空军前任采购、技术和后勤助理部长威尔·罗珀，该公

司此前曾获美国空军小型企业创新研究合同。演示活动共展示 VOLY C10 和 VOLY M20 两型垂直起降无人机，其中 C10 无人机机长 2.1 米，翼展 2.93 米，航程约 80 千米，可携带 4.5 千克载荷。M20 无人机航程约 560 千米，续航时间 8 小时，可携带 9 千克货物和 4.5 千克传感器载荷。

### （三）KARGO 货运无人机将转入原型验证机试飞阶段

9 月，卡曼公司推出了 KARGO 无人机，面向军用和商业市场，可满足海军陆战队和陆军对于自主货运无人机的潜在需求。该机采用折叠式旋翼设计，机长和机宽均为 4.7 米，最大飞行速度 224 千米/小时，空重 607 千克，有效载重 362 千克，安装一台功率 223 千瓦的涡轮发动机，携带外部燃料情况下航程可达 960 千米。KARGO 无人机可由标准集装箱运输，两名操作员即可完成装卸，目前卡曼飞行器公司正在开展 2∶1 缩比验证机试飞工作，计划 2022 年开展全尺寸验证原型机试飞。

## 四、美国海军无人加油技术基本成熟，进入舰载机无人加油时代

加油机已成为战斗机、轰炸机等空中作战平台远程打击的重要支援力量，随着人工智能、飞行控制、目标检测等技术快速发展，无人加油机相关技术不断成熟。美国海军重视远海作战能力建设，大力发展 MQ－25A "黄貂鱼"无人加油机，提升航母舰载机联队在强对抗环境的体系作战效能。3 月，美国海军提出在古牧角文图拉基地部署 20 架 MQ－25A "黄貂鱼"无人加油机的发展计划，以拓展其西海岸航母联队的作战半径和覆盖范围。

2021 年，美国海军与波音公司开展多项 MQ－25A "黄貂鱼"飞行测试，验证了包括密集编队协同、尾流测试、锥套跟踪对接、空中受油等多

项关键技术。6月，波音公司MQ-25A T1原型机完成对F/A-18F舰载战斗机空中加油试验，实现历史首次无人机对有人机空中加油；8月，波音公司MQ-25 T1原型机成功完成对E-2D预警机空中加油试验；9月，首次完成对F-35C隐身战斗机的空中加油测试。一系列试验表明，美国海军MQ-25A无人加油机已初步具备对其航母舰载机联队三型主要机型的空中自主加油能力。

10月，美国海军为MQ-25A"黄貂鱼"舰载无人加油机研制的新型"甲板控制装置"完成为期数天的演示验证，该系统可配合MQ-25A进行一系列模拟甲板调运与操控活动，支撑MQ-25A舰上测试工作。12月，美国海军MQ-25 T1原型机在弗吉尼亚州诺福克海军基地的"乔治·布什"号航空母舰上首次完成甲板调运测试。

## 五、太阳能无人机突破多项实用技术，塑造新型战略情监侦力量

太阳能无人机具有续航时间长、飞行高度高、翼展大、重量轻、高升阻比等特点，可实现数十天甚至数月的长久滞空，执行高空持久情监侦、通信中继等任务，以应对卫星等天基情报、侦察与监视装备通信被降级风险，具有极高应用潜力。

4月，美国海军和中央司令部联合发布方案征询公告，寻求使用人工智能技术提升无人系统遂行平流层战略情监侦任务的解决方案，该计划由中央司令部和海军水面作战中心牵头，旨在通过平流层太阳能无人机或气球提供战场早期威胁预警和情报支持，还可作为通信节点为地面部队构建平流层通信中继和数据传输网络，提升广域态势感知能力。

4月，德国航空航天中心提出开发高空伪卫星"阿尔法"（HAPS Alpha）

平流层太阳能无人机。该机翼展 27 米，最大飞行高度达 20 千米，质量约 36 千克，有效载重 5 千克，可换装多型任务载荷。研究团队正在开展关键设计审查，以验证详细设计方案是否可达预期目标。按计划，该机将于 2022 年底首飞，后续同步开展各阶段飞行试验。

8 月，美国海军授予美 Skydweller 航空公司一份 500 万美元的太阳能无人机演示验证合同，计划 2022 年第 2 季度前完成系列演示。该公司研制的 Skydweller 太阳能无人机于 2020 年 12 月完成首飞，4 月完成包括飞控、传感器、自主能力等在内的一系列试飞验证工作。Skydweller 无人机翼展 72 米，设计使用高度为 9100～13700 米，最大任务载重 363 千克，最大起飞质量 2495 千克，该机可携带多类任务载荷，遂行情监侦、通信中继、灾害监测、地理测绘等任务。

9 月，空客 Zephyr S "西风" 太阳能无人机完成年内最后一次试飞活动，使其平流层总飞行时间达 2435 小时，并创造了 23195 米的同类无人机绝对飞行高度纪录，该机还保持着此前创造的 25 天 23 小时 57 分钟空中不加油续航纪录。"西风" 无人机采用超轻碳纤维材料，质量不足 75 千克，翼展达 25 米，该机已获美国联邦航空管理局运行许可，可满足 A 类空域使用条件以及空中交通管制系统和交通防撞系统的互操作要求。此次试验中，空客公司验证了基于 5G 的数据传输能力，验证了在 2 吉赫频谱下使用高空伪卫星提供数据服务的可行性，测试了 450 兆赫窄波段下长达 140 千米的通信连接能力，还测试了平流层精确机动和位置保持等多项控制能力。

## 六、结束语

2021 年以来，无人机装备技术发展迅速，新质无人机系统不断涌现，人工智能等新兴技术应用日益广泛，有人无人协同能力持续提升，实战化和主战化趋势十分明显，无人机已成为航空装备体系重要组成，并将重塑未来空战模式。

（中国航空工业发展研究中心　朱超磊　杨佳会　穆作栋）

# 2021 年军用航空动力技术发展综述

2021 年，全球新冠疫情影响持续波动，航空运输市场低位震荡，军用航空成为维持市场和技术创新的重要领域。航空强国大力推动军用航空动力技术的创新探索和装备的持续采购，并加强在新概念新能源领域的研发投入，全方位提升军用航空动力的研发、生产和保障能力，支撑航空武器装备战斗力的提升。总体上，美欧国家全面铺开下一代战斗机动力研发并取得重要进展，轰炸机和旋翼机动力加快升级换代，无人机动力不断探索低成本创新研制方法，高超声速及新概念新能源动力技术和关键子系统得到验证，数字孪生技术和人工智能进一步得到应用，军用航空动力在全球经济低迷中逆势上扬。

## 一、美下一代战斗机动力试验取得进展，欧、日启动研发工作

### （一）美国 AETP 项目自适应发动机验证机均完成首轮试验

承担美国空军"自适应发动机转化项目"（AETP）的两家研制商均完成了首台发动机试验。GE 公司 5 月完成首台 XA100 自适应发动机试

验，8月开始测试其第二台验证机。普惠公司9月中旬完成第一台XA101自适应发动机的地面试验，并预计在2022年底完成2台验证机的试验。9月，美国空军装备司令部表示将在阿诺德工程发展中心对XA100和XA101发动机开展为期1年的试验。目前这2型发动机已经通过数字适配的方式与F-35战斗机进行了集成试验，但尚无计划在现实环境进行集成试验。

**（二）赛峰与MTU建合资企业开发欧洲下一代战机发动机**

4月，赛峰飞机发动机公司和MTU航空发动机公司已经就建立一家50/50的合资企业达成了合作协议。合资公司名称为"欧洲军用发动机团队"（EUMET），总部设在德国慕尼黑，首席执行官则由赛峰指派。EUMET将负责欧洲"下一代战斗机"（NGF）发动机的开发、生产和售后服务。赛峰公司将领导NGF发动机的整体设计和集成，而MTU将负责发动机售后服务。西班牙ITP航空公司将成为EUMET的主要合作伙伴，并开发低压涡轮和喷管等。NGF验证机动力将采用赛峰M88发动机。

**（三）日英两国承诺加快下一代战斗机发动机合作谈判**

英国和日本12月宣布将在未来战斗机发动机演示验证项目上开展合作，联合开发一种发动机为日本F-X和英国"暴风"战斗机提供动力。合作协议将由英国罗尔斯·罗伊斯公司和日本石川岛播磨重工（IHI）执行，计划在罗尔斯·罗伊斯的"全尺寸动力和推进演示验证机"项目上合作，将使用两家公司开发的互补技术。该发动机可能是一型三涵道自适应循环发动机，将检验数字设计技术和先进制造工艺的使用，合作内容还包括进气道和喷管等外部部分。演示验证机的研发工作将于2022年开始，原型机将在2026年完成，21世纪30年代开始飞行试验。

## 二、美俄开展轰炸机动力升级换代

### (一)罗尔斯·罗伊斯公司赢得美国空军 B-52H 轰炸机换发合同

9月,罗尔斯·罗伊斯公司 F130 发动机击败普惠公司 PW800 发动机、GE 公司 CF34-10 和 Passport 发动机,赢得美国空军价值 26 亿美元的 B-52H 轰炸机机队换发合同,F130 是罗尔斯·罗伊斯 BR725 民用喷气发动机的军用衍生型,合同还包括备用发动机、支持设备、工程数据和维护服务。此次换发计划包含 608 台 F130 发动机,保证 B-52 轰炸机服役到 21 世纪 50 年代。美国空军预计换发将提高 B-52H 轰炸机燃油效率,增大航程,同时降低维护费用。首批换发工作将于 2028 年底完成,整个机队的换发工作将在 2035 年之前完成。

### (二)俄罗斯 UEC-库兹涅佐夫公司升级发动机生产设施以支撑轰炸机换发

6月,俄罗斯 UEC-库兹涅佐夫公司新生产基地投入生产,配备自动化等离子喷涂装置和真空炉,可提高 NK-25(配装图-95MS 轰炸机)和 NK-32-02(配装图-160 轰炸机)发动机涡轮叶片保护涂层的质量。10 月,UEC-库兹涅佐夫公司首批飞机发动机测试台工作能力扩容工程完成,通过升级燃料供应系统来扩大试车台的吞吐量,第一年就交付了十多台现代化的 NK-32 涡扇发动机(配装图-160M 轰炸机)。公司仍在继续建设和升级改造 22 处设施。未来,在役的整个图-160 机队都将进行换发。

## 三、美俄积极发展新型无人机动力

### (一)美国公司完成低成本涡轮发动机核心机测试

美国克拉托斯(Kratos)国防与安全解决方案公司1月宣布获得价值1270万美元的"支持经济可承受任务能力的先进涡轮技术"(ATTAM)不定期交付/不确定数量(ID/IQ)合同,将完成发动机开发,开展飞行试验,并对低成本发动机架构的目标寿命进行验证。6月,该公司已成功完成先进涡轮技术核心机测试,演示了核心机的关键性能和可操作性,将支撑用于巡航导弹和无人机的小型、经济可承受、高性能喷气发动机的研发。

### (二)普惠"鳄鱼工厂"尝试采用3D打印整台小型涡喷发动机

10月,普惠公司"鳄鱼工厂"首次尝试使用3D打印技术制造TJ-150涡喷发动机的燃烧室,但结果并不尽如人意。吸取了相关教训之后,"鳄鱼工厂"正在进一步推进增材制造技术,尝试完全使用3D打印的零件来制造TJ-150发动机。这种667N(150lb)推力的涡喷发动机用于微型空射诱饵和MBDA"长矛"空地导弹。普惠公司认为使用3D打印可以将TJ-150发动机的零件数量从400个整合到大约6个,发动机的成本也随之减半。

### (三)俄罗斯校企联合推出新型二冲程航空活塞发动机

6月,俄罗斯乌法国立航空技术大学和UEC-乌法发动机制造生产联合体推出新型活塞航空发动机,APD-200单缸发动机是功率低于134千瓦(180马力)二冲程航空活塞发动机系列中的基本型,几乎满足了有人驾驶和无人驾驶的超轻型和轻型飞行器对二冲程发动机的所有需求,包括飞机、直升机和垂直起降飞机。该发动机已经在乌法国立航空技术大学的试车台通过了功能试验,确认了关键要求,即最大功率为24千瓦(32马力),干重为 18 千克。

### （四）俄罗斯完成 RPD–150T 航空转子活塞发动机设计

12 月，俄罗斯中央航空发动机研究院（CIAM）自主研发的 RPD–150T 航空转子活塞发动机完成技术设计开发，并通过了俄罗斯联邦工业和贸易部组织的审查。RPD–150T 是一种带有涡轮增压系统、模块化设计的双转子活塞发动机，旨在取代加拿大 Rotax 公司的 Rotax–912、Rotax–914 和 Rotax–915 转子活塞发动机，用于现有和未来无人机在内的新机的动力装置。该发动机使用热喷涂方法获得现代纳米涂层结构，可增加使用寿命并减轻发动机的单位质量，进而降低运营成本。

## 四、高超声速动力技术研发取得进展

### （一）美国公司研发的超燃冲压发动机均达到预期性能指标

2021 年，在美国空军"中等尺寸超燃冲压关键部件"（MSCC）项目支持下，美国洛克达因公司和诺斯罗普·格鲁曼公司均完成了超燃冲压发动机试验，获得的最大推力超过 5897 千克力，试验速度超过马赫数 4，发动机总长均为 5.5 米。美国空军 2020 年 12 月表示，由于两型发动机均满足预期性能指标，可以进一步推进最大速度超过马赫数 5 的更大型、多任务平台。MSCC 项目为今后不同机型和不同马赫数超声速发动机的设计工作奠定了基础。

### （二）普惠公司秘密研发低成本可重复使用高超声速发动机

3 月，普惠公司证实其"鳄鱼工厂"正在开展一项名为 Metacomet 的秘密开发项目，旨在研发高速、低成本、可重复使用推进系统。此举是为了响应美国国防部进一步发展高超声速原型机的举措，表明普惠正式重返马赫数 3＋推进系统业务。该项目利用了 J58 发动机的研制经验，主要围绕可重复使用和可升级的结构，研发冲压发动机和超燃冲压发动机的低成本替代方案，可以适用于不同的任务优先需求，满足不同尺寸、载重、航程和速度组合。普惠认为自身的马赫数 3~5 推进系统设计方法更简洁、更平价，避免了纯冲压喷气发动机/超燃冲压发动机循环以及与涡轮动力模式相互转换的复杂性。

### （三）英国公司完成高超声速推进系统关键子系统试验

3月，英国反作用发动机公司完成了马赫数 5 级推进系统的全尺寸热交换器和氢预燃烧器子系统试验，验证了向吸气式发动机核心机提供热能和空气的关键部件的设计。该公司的研发工作已经吸引了英国政府以及 BAE、罗尔斯·罗伊斯、波音等公司的投资。另外，英国国防部还在支持反作用发动机公司与罗尔斯·罗伊斯公司、BAE 系统公司的合作项目，这三家公司正研究将高马赫数技术用于英国"暴风"战斗机。

### （四）俄罗斯完成冲压脉冲爆震发动机验证机初步试验

4月，俄罗斯联合发动机制造集团（UEC）宣布已顺利完成冲压脉冲爆震发动机验证机第一阶段试验，实现了所要求的指标。试验验证了该动力装置在单个工况下的单位推力比传统结构发动机提高了 50%，未来可使飞行器的最大航程和有效载荷质量增大 1.3~1.5 倍。该发动机未来有望用于火箭、高超声速飞机等。

### （五）美国公司推动高超声速推进系统关键部件试验

4月，美国赫米尔斯公司完成高超声速推进系统缩比部件研制试验，采用推力 1290 牛的 TJ100 涡喷发动机，试验状态达到马赫数 5。该公司的概念设计方案基于涡轮基冲压组合循环发动机，而非超燃冲压发动机。9月，公司在新的推进系统试验设施（27 号场地）完成了 J85-21 涡喷发动机试验，质量流速达到缩比原型机的10倍,试验数据有助于建立马赫数5推进系统的预测模型。赫米尔斯公司计划开发三架"夸特马"高超声速飞机。该公司8月获得了美国空军6000万美元资助,用于开发无人驾驶高超声速试验平台,在2022年底开展其新型发动机的飞行试验。

## 六、美俄研发新概念新能源推进技术

### (一)俄罗斯开展混合动力系统配装飞机试验

2月,俄罗斯中央航空发动机研究院(CIAM)开始混合动力装置配装飞机的试验。试验时,将雅克-40飞机尾部3台发动机中的1台换装为带电机的涡轴发动机,飞机前端安装了采用高温超导技术和恒温控制系统的电机,电机由SuperOks公司根据俄先期研究基金会采办研制。2021年莫斯科航展上,飞机验证机进行了飞行展示。之后验证机从茹科夫基斯返回新西伯利亚,继续开展飞行试验。该研究院计划2022年利用雅克-40LL飞行试验室完成采用燃气涡轮发动机和超导电机的混合动力装置试验。

### (二)美国HyPoint公司推出涡轮空气冷却燃料电池

3月,美国初创公司HyPoint推出了一款新型氢燃料电池原型机,采用涡轮空气冷却(TAC)动力系统,融合了高温质子交换膜(HTPEM)燃料电池、空气冷却和涡轮增压3种技术,单位功率是现有燃料电池的3倍,能量密度是现有锂离子电池的5倍,可以使飞机制造商的总成本降低50%。用于装配零排放电力飞机的全尺寸版本预计于2022年交付。

### (三)美国公司推出新的无人机混合动力方案

6月,美国LaunchPoint电推进方案有限公司宣布首次推出一种新的混合动力发电系统——HPS055发电机组,提供5.5千瓦功率、电池管理系统、空中自充电能力和液体燃料发电机,将为无人机提供高效的动力和更远的航程。该系统最大的优势在于能够延长飞行器的续航能力,最多可将无人机续航时间延长 5 倍。该系统还可扩展用于更大的飞行器。该公司已有一个 40 千瓦的系统可用,并正与其他制造商合作开发 250 千瓦的混合动力系统。

### (四)俄罗斯公司确定混合电推进系统技术概念

6 月,俄罗斯 UEC - 克里莫夫公司展示了功率为 500 千瓦(680 马力)的串联混合电推进系统(GSU)概念验证机。该发动机基于 VK - 650V 涡轴发动机开发,潜在应用对象是轻型多用途直升机、无人机、空中出租车、公务机、垂直起降飞机等。

### (五)俄罗斯计划研制氢燃料航空发动机

9 月,俄罗斯茹科夫斯基中央流体力学研究院表示,计划 5 年内研制出氢燃料动力 VK - 2500 涡轴发动机。目前计划对 VK - 2500 进行改进,采用氢燃料、低温储存罐、恒温调节系统和液氢供给系统。该项目将与中央航空发动机研究院联合开展。氢燃料验证机飞行试验将在雅克 - 40LL 飞行试验室上开展。目前,VK - 2500 的装机对象为"卡"和"米"系列直升机。

## 七、结束语

国外正大力推动自适应发动机、高超动力技术的研究,以满足下一代空战装备需求,同时关注电机、电池等关键技术攻关,加快电气化发动机技术成熟,推动飞机 - 发动机设计制造变革。

(中国航空发动机研究院　晏武英)

# 2021 年军用航电技术发展综述

2021 年，军事强国结合联合全域指控作战概念，不断推进标准化航空电子系统架构，结合现实增强、5G、人工智能等前沿技术，在各航空电子系统中持续拓展作战性能，开展作战能力升级，并通过关键设备的升级换装保证机队能力与水平。

## 一、美推进基于云技术的标准化开放式航电系统架构研究与应用

### （一）美军进一步完善未来机载能力环境（FACE）开放式航电系统架构技术标准

截至 2021 年底，The Open Group FACE 联盟已拥有 90 个成员组织，FACE 软件货架上包括来自 13 个不同供应商的超过 25 种软件产品，代表了美国政府、行业和学术组织对 FACE 技术标准和业务方法的持续关注和采纳。

2021 年初，美国海军航空第 23 空中测试和评估中队测试的"下一代干扰机－中频段"（NGJ－MB）干扰吊舱符合 FACE 一致性软件要求。9 月，

在美国陆军 FACE 技术交流会议（TIM）期间，以柯林斯宇航公司为主要的航空电子系统集成商和软件供应商演示提供了 FACE 架构在实际飞机系统内部的示例。11 月，在国际开放标准组织（the Open Group）组织的 FACE 联盟和 SOSA 联盟技术交流会上，柯林斯宇航公司与通用原子航空系统公司、帕里（Parry）实验室、泰克托努克斯与帕兰蒂尔技术公司（Tektonux and Palantir Technologies）联合演示了美国陆军旋翼机开放式系统架构在多域作战行动（MDO）中的技术优势。演示中，柯林斯宇航公司与合作团队将政府/第三方生产的软件、帕里实验室开发的"恒星中继器"（Stellar Relay）任务计算机等 19 种携行备件加装在陆军直升机座舱上，展示了旋翼机原装部件既可相互通用，又能使用其他性能匹配的配件替换等功能。

目前，美国陆军仍然是推进 FACE 的主力，美国陆军计划执行办公室（PEO）航空部门办公室已经建立了一个架构协作工作组，为用于下一代飞机的航空电子系统开发和升级的基础架构建立通用要求。其中，FACE 相关的最大计划目标为未来远程侦察机（FLRAA）项目，预计在 2022 财年发布计划征求意见书。

**（二）诺斯罗普·格鲁曼和 BAE 公司为 F-35 战斗机加装综合化新型航电系统**

1 月，诺斯罗普·格鲁曼和 BAE 公司、洛克希德·马丁公司签订合同，三方将联合为 F-35 战斗机加装新型航电系统，以期达到最佳使用效果。加装的新型航电系统主要包括 AN/ASQ-242 综合导航、通信与识别（ICNI）系统、AN/ASQ-239 电子对抗（EW/CM）套件，其中，ICNI 系统集成了敌我识别（IFF）、自动提取航路点和配有多功能数据链（MADL）等 27 种完全一体化的作战功能，满足 F-35 战斗机对航电设备尺寸、重量和功率需求，还能同时完成多种关键操作。此外，美国海军还为 F-35 采购了"电子综合自动化保障系统"，以支持美国海军 F-35 计划和对外军售客户。

## 二、机载增强显示技术在多型装备上得到实际应用

### （一）美国空军 T-38 教练机配装增强现实系统

3 月，美国 Red 6 公司开始为美国空军 T-38 教练机集成空中战术增强现实系统（ATARS），让飞行员能通过头盔显示器观测其他飞机的投影，以便一架以上的飞机作为一个整体针对大量对手进行训练。

### （二）俄罗斯 UAC 测试苏-57 战斗机飞行员头盔的"增强现实"系统

3 月，俄罗斯联合航空制造集团（UAC）正在开展苏-57 战斗机飞行员防护头盔上的"增强现实"系统测试，能够通过电信号和热信号在面罩上显示各种武器交战的目标标记、飞行信息、飞机外部图像等，使飞行员可以在夜间、恶劣天气和复杂机动等情况下完成相应任务。

### （三）英国蓝熊公司推出蜂群无人机平视型增强现实系统

4 月，英国国防与安全加速机构（DASA）与国防科学与技术实验室（Dstl）联合资助蓝熊系统公司（Blue Bear Systems）开发用于无人机蜂群和超视距（BVLOS）作战的"平视"（Heads-Up）型增强现实（AR）系统。可以让操作员戴着 AR 眼镜查看蜂群中所有无人机的位置、运行状况和其他参数，或者查看单个无人机的详细系统状态。该系统在超视距操纵时，可提供有效的无人机位置信息，有助于在恶劣环境中进行安全操作。

## 三、基于先进材料和技术的雷达综合性能持续提升

### (一) 美国空军开展基于氮化镓技术的雷达升级换装

6月,美国《航空周刊》刊文称,氮化镓是用于下一代作战飞机最有前景的半导体材料。9月,雷声情报与太空公司推出一种经济可承受、轻量化的紧凑型机载有源相控阵(AESA)雷达,该雷达采用氮化镓技术,全重约45.4千克,仅为当前主流机载AESA火控雷达的三分之一,成本也仅为后者的二分之一。雷声公司为加拿大政府提供36部采用氮化镓技术的APG-79(V)4有源相控阵雷达,以支持加拿大C/F-18A飞机雷达换装工作。11月,美国海军陆战队继续为F/A-18C/D战斗机换装采用氮化镓技术的APG-79(V)4有源相控阵雷达,合同总价值6300万美元,以使F/A-18C/D战斗机在2030年前保持作战优势。

### (二) 美国开展5G与机载雷达兼容性技术探索

3月,美国频谱财团(National Spectrum Consortium,NSC)授予美国雷声技术公司一份"动态频谱共享"(Dynamic Spectrum Sharing)计划合同,总金额800万美元。

"动态频谱共享"计划是美国国防部"从5G到下一代"(5G to NextG)计划的一部分,美国频谱财团希望了解5G网络将如何影响机载雷达系统,以及雷达将如何影响5G网络。雷声BBN技术公司的科学家将与来自美国诺沃维有限公司(Novowi LLC)和普渡大学的研究人员一起,开发能够最大限度减少5G网络与美国空军犹他州希尔空军基地联网试验台上机载雷达系统之间干扰的技术。该频谱共享解决方案将综合的先进技术包括:通过使用大量训练数据集对机器学习进行优化,以实现实时干扰映射和预测,使

干扰最小化;分布式频谱优化,以增强干扰映射;采用覆盖路由以对抗干扰的影响并改善韧性;采用动态虚拟切片,将逻辑上的组网网络切分成多个虚拟网络,能为满足不同应用的多样化需求优化每个切片,同时避免干扰。

## 四、美军谋求建设全频段覆盖电磁干扰能力

### (一) 美国海军"下一代干扰机"吊舱日趋成熟

2021年,美国海军的"下一代干扰机"(NGJ)项目迎来了重大进展。在中频段吊舱部分,1月,美国海军开展"下一代干扰机"工程试验和评估。3月,美国海军启动为期5年的"'咆哮者'能力改进"项目,计划为全部现役EA–18G换装中频段吊舱。6月,美国海军批准中频段吊舱研制计划进入生产与部署阶段,此时,该型吊舱已在EA–18G上完成超过145小时的研制试飞,并进行了3100多小时的微波暗室和实验室测试。7月,美国海军授出合同,采购低速初始生产第1批次的3架份(共6个)吊舱。12月,美国海军采购低速初始生产第二批次的5架份吊舱。

低频段吊舱已进入集成测试阶段。11月,美国海军授出合同,将"下一代干扰机–低频段"吊舱系统集成到EA–18G平台上,并进行相应的集成设计和测试。

7月,美国国会众议院武装部队委员会提出《2022财年国防授权法案》应纳入"评估空军机载电子攻击能力及将AN/ALQ–249'下一代干扰机'集成到空军战术飞机上的可行性"条款,该型电子干扰吊舱已引起美国空军的兴趣,未来还可能推广部署于舰载无人机系统及美国空军战斗机,代表了美军机载电子战装备的发展方向。

## (二) F-35 战斗机电子战系统迎来大规模升级

1月,美国海军授出合同,采购数字信道接收机/技术发生器和调谐器插入程序技术,对第四阶段第15生产批次F-35战斗机的电子战系统进行技术升级。7月,美国海军授予洛克希德·马丁公司合同,计划扩大F-35通用网络赋能武器的开发范围,改进电子攻击能力。11月,美国海军授予洛克希德·马丁公司约5.84亿美元的合同,为F-35开发新的ASQ-239电子战/对抗措施硬件提供系统集成工程。12月,BAE公司获得洛克希德·马丁公司授出的4.93亿美元合同,将为AN/ASQ-239机载电子战系统提供增强型高性能核心硬件,使F-35可使用新型传感器强化态势感知、信号处理、电磁频谱攻击与对抗等关键能力。同时,该系统的强健壮性设计和模块化架构便于未来快速升级,还有利于降低全寿命周期维护保障和改装成本。

## (三) F-16 战斗机更新电子战系统

1月,美国空军已与诺斯罗普·格鲁曼公司签订合同,为其F-16C/D战斗机提供ALQ-131C电子战套件,具有开放式系统架构,并具有"超宽带"能力,能够为四代机提供五代机的电子战能力,可在复杂的威胁环境中检测和识别已知、新兴和未来的威胁,可用于干扰来袭导弹的雷达,并且可与F-16的AN/APG-83可扩展式敏捷波束雷达集成,进行互操作。3月,L3Harris技术公司获得洛克希德·马丁公司授予的一份合同,为F-16战斗机开发名为"蝰蛇盾"的先进电子战系统,采用先进的数字技术保护F-16战斗机免受新兴的雷达和电子威胁。该系统能够集成到F-16战斗机的机身中,可节省翼下空间用于副油箱等设备,将广泛应用于F-16 Block 70//72战斗机。

## 五、多光谱和定向能技术成为光电探测与对抗的主流方向

### （一）柯林斯宇航公司为美国空军开发下一代 FastJet 侦察吊舱

3月，美国雷声技术公司所属的柯林斯宇航公司（Collins Aerospace）获得一份美国空军不确定交付/不确定数量（IDIQ）修订合同，用于开发最新的 Fast-Jet 侦察吊舱——MS-110 多光谱侦察系统。

新型 MS-110 将 DB-110 吊舱的双波段传感器改为多光谱传感器，可增强瞄准吊舱或飞机内置传感器性能，提升飞机侦察能力。这些功能包括：在和平时期跨界监视或高威胁战时场景下，可远距/防区外获得最高分辨率的图像；先进的多光谱成像（彩色和假彩色合成），能以较高置信度或在恶劣的天气/大气条件下探测目标；高分辨率的广域覆盖；灵活的任务规划/再分配能力，支持机组人员在动态作战情况下的实时变更；帮助最终用户从 MS-110 图像中提取关键情报的 SCi-Toolset 软件套件。

### （二）定向能对抗系统备受关注

1月，美国海军航空系统司令部向诺斯罗普·格鲁曼公司订购大型飞机红外对抗系统套件。合同要求提供38个"大型飞机红外对抗系统"（LAIRCM）A套件、38个补充套件、5个台式储备套件和 LAIRCM 先进威胁告警A套件替换零件，以支持 C-130J 运输机和 KC-130J 加油机。3月，美国海军增购"大型飞机红外对抗系统"，合同修订总金额为1.155亿美元。采购必需的"武器可更换组合件"（WRA）硬件、系统工程技术支持、分析与研究，以将美国海军部的"大型飞机红外对抗系统"集成到美国海军、空军和澳大利亚政府的飞机上。

2月，美国空军研究实验室授予雷多斯公司（Leidos）一份总金额6860

万美元的合同,进行"威胁评估和飞机保护防御电子战"计划。该计划设计在光电和多光谱光电/射频领域中消耗性(扰乱型)和定向能(信号型)对抗概念,以通过威胁探索利用、建模与仿真评估、硬件和外场测试应对不断变化的导弹威胁。

4月,以色列埃尔比特系统公司将为多国多用途加油运输机(MMF)项目提供J-MUSIC定向红外对抗(DIRCM)系统。系统集成了埃尔比特系统公司的红外被动机载预警系统(PAWS IR),采用了开放式架构设计,集成了最新的激光技术、高帧率热成像相机和小型动态高速密封炮塔,可提供高性能防御红外导弹威胁。

6月,诺斯罗普·格鲁曼公司与美国空军签订1.46亿美元的订单,诺斯罗普·格鲁曼公司将为美国空军飞机和直升机安装升级型大型飞机红外对抗系统(LAIRCM),其中包括新的通用红外对抗系统(CIRCM)。涉及LAIRCM系统升级、更改以及在各类型飞机上的安装,包括C-17、C-5、C-130J、P-8、CH-53K、KC-46以及国际客户运营的系统平台。诺斯罗普·格鲁曼公司开发的LAIRCM红外对抗系统可以通过探测、跟踪和干扰来袭的红外威胁来保护大型飞机,并通过高强度激光束照射快速移动的导弹红外导引头来抵御威胁。

## 六、基于作战概念的通信技术全面发展

### (一)F-35战斗机开展商用太空互联网通信实验

3月,美国空军研究实验室授予洛克希德·马丁公司合同,以开展"使用商用太空互联网的国防实验"(Defense Experimentation Using Commercial Space Internet,DEUCSI)"呼叫002"(Call 002)工作。确定F-35是首次

飞行试验所需的飞机,并且开展相关硬件和软件集成及额外的飞行试验。通信实验预计将在 2023 年 1 月底全部完成。

### (二)分布式"马赛克"通信计划进入第一阶段

2 月,DARPA 授予 L3 技术公司约 996 万美元成本加定酬类合同,开展"强韧组网的分布式'马赛克'通信"(RNDMC)计划第一阶段研究工作。L3 技术公司将开展分布式相干通信研究、开发和演示,重点是开发可与当前战术无线电作战波形一起工作的双向马赛克元素系统。相关工作计划到 2022 年 8 月完成。

### (三)美国公司探索军用 5G 网络技术

11 月,美国柯林斯宇航公司成功演示了一种基于 5G 的复杂对抗环境下小型平台(无人机等)机载定向通信系统,该系统只向接收方向发射射频信号,并采用了新的定向发现/跟踪技术,可在 GPS 拒止环境中运行,被截获概率大大降低。该系统可为作战人员提供高价值数据,显著增强态势感知能力。此次演示是 DARPA "菲墨"(Pheme)项目的组成部分,重点演示了联合全域指挥控制(CJADC2)作战空间互联能力。

## 七、GPS 拒止条件下的组合导航定位技术成为美俄研究焦点

### (一)美国空军研究实验室测试不依赖 GPS 的"敏捷吊舱"

11 月,美国空军研究实验室在 T-38C 教练机上配装"敏捷吊舱",内装新型定位导航设备,成功进行了不依赖 GPS 的定位、导航与授时试验。"敏捷吊舱"是美国空军开发的开放式、标准化、多情报源、可重构吊舱,适装多种有人机/无人机平台,先前已完成多种侦察监视配置的试验。本次试验再次证明该吊舱具有很好的灵活性,为便捷更换舱内载荷提供多种

能力。

**（二）俄罗斯公司开发视觉导航系统**

俄罗斯 Zala Aero 公司采用机载视觉导航系统，不依赖卫星导航实现精确飞行。9 月，俄罗斯 Zala Aero 公司制造的一种混合动力无人机在无卫星导航，仅依靠其新型机载视觉导航系统（VNS）情况下进行了 12 小时的飞行。VNS 系统不依赖卫星导航，允许飞机在完全无线电静默的情况下飞行和执行任务，并具备针对电子攻击的多级保护。公司表示，该系统比惯性导航系统更为精确。

## 八、全域指挥互联互通是未来战争决胜关键

**（一）美英推进"联合全域指挥控制"相关研究**

1 月，美国国防部军事领导人员和高级行政人员在马里兰州阿伯丁试验场举行了数据峰会，重点讨论了"联合全域指挥控制"战略"通用数据结构"的定义，还有数据标准、访问管理、数据安全和应用编程接口等事宜。1 月，DARPA 授予雷声技术公司"联合全域作战软件"计划研究项目合同，计划寻求开发一套软件套件，以通过具备自动化和预测分析能力的战区规模作战管理指挥与控制来使军事力量的效能最大化。这种能力将为作战人员开发赋能软件，以适应性地建立和执行涵盖水下、海面、陆地、空中、太空和电磁域的同步杀伤网。7 月，美国空军研究实验室授予光辉技术公司合同，以支持多域作战的先进仿真、集成和建模框架研究。8 月，BAE 系统公司推出了体系（SoS）试验平台，可以为多域联合作战所需的颠覆性技术提供快速、安全的试验环境，以便在部署到作战环境之前对战场、新技术以及先进的数据管理流程进行建模、仿真和评估。

## （二）英国皇家空军 Nexus 战斗云将投入使用

7月，英国皇家空军上将迈克·威斯顿表示，Nexus 战斗云已经准备好投入使用。该云系统在"Astra"项目下开发，旨在将未来战场上的所有资产连接起来，将多种平台的传感器数据传递给用户。2020年英国皇家空军在空客 A330 加油/运输机上开展了 Nexus 战斗云试验，利用该机充当联合作战信息节点。

## （三）法国订购首个多军种应用联合信号情报系统

2月，法国武器装备总署（DGA）表示，将从泰雷兹集团和空客公司订购首个联合战术信号情报系统。系统将于2023年开始交付，2025年完成全面部署。该联合战术信号情报系统由一系列传感器组成，可满足特定战区和陆海空联合作战应用需求。法国武装部队目前的战术能力是为满足不同军种部队的特定需求开发的。引入联合战术信号情报系统的目的是为多种战术服务提供集成化系统，通过使用通用化模块，确保信息高效共享，作战有效协同。新联合战术信号情报系统将部署在法国陆军蝎式轻型坦克、法国海军指挥舰/"大西洋"2号海上巡逻机等平台上。另外，法国空天部队也将在地面装备上部署联合战术信号情报系统，形成联合作战支持/防御能力。

## 九、结束语

"联合全域指控""马赛克战"等作战概念的牵引和发展，对军用航电技术提出了更具挑战性的要求。综合化、模块化是当前及未来一段时间航电技术的发展趋势。另外人工智能等前沿技术的不断突破，航电系统智能化即将成熟。

（中国航空工业发展研究中心　张阳帆）

# 2021年飞控与机电技术发展综述

2021年，针对未来航空装备发展需求，美欧航空强国继续推动飞控与机电领域技术发展，其中主动流动控制（AFC）技术、自主飞控技术、自动防撞技术、基于超导技术的电推进系统、无人机新能源技术、先进空中加油系统、新型空降空投系统等是发展重点。

## 一、主动流动控制技术提升飞行性能

### （一）DARPA继续推进主动流动控制技术研发项目

DARPA的"采用新型操纵装置的革命性飞机控制"（CRANE）项目正在开发主动流动控制技术，通过补充或替代传统的可移动控制面，提高飞机在各种状态下的飞行性能。6月至9月，DARPA选择多家公司继续参与CRANE项目。极光飞行科学公司和洛克希德·马丁公司已经开展阶段1研发工作，该阶段包括AFC系统需求开发、初始设计工作、软件开发和初始适航活动等，最后进行初步设计审查。DARPA还选择了BAE系统公司开展阶段0的概念设计活动，重点关注AFC的商业化前景和如何降低风险。

BAE 系统公司的工作使 AFC 技术在设计、集成和降低风险等方面逐渐成熟，并将于 2022 年进行风洞测试。

### （二）欧盟"洁净天空"计划支持主动流动控制技术研发

欧盟"洁净天空"计划下的一个研发团队 2021 年正在加速推进 AFC 项目，以提升飞机飞行性能。该团队正在设计开发两种不同类型的主动流动控制作动器：稳定喷射作动器和脉冲射流作动器。在两型作动器设计制造过程中，Lortek 公司与业界各专业机构合作，不仅解决了气流分离问题，还实现了主动流动作动器小型化、节能化、免维护等优化设计。

## 二、自主飞控技术拓展电动飞机/无人机能力

### （一）美国公司为美国空军开发自适应飞行控制器

4 月，美国空军授予美 JumpAero 公司"敏捷至上"计划下的小企业技术转让研究合同，该公司将与加州理工大学合作开发一种名为"电子降落伞"的自适应飞行控制器。这种控制器使用机器学习技术针对各种失效场景进行了仿真预调，使电动垂直起降飞行器的飞行员能够在发生空中损伤事件时快速重新校准飞行控制器。这种自适应/机器学习控制技术可以在不增加飞行员训练负担的前提下，提高飞机空中物理损伤时确保安全结果的可能性。美国空军"敏捷至上"项目将通过开展试飞验证加速军民两用电动飞行器发展。

### （二）美国空军开展 MQ－9"自动起飞和着陆能力"试验

7 月，美国空军第 556 试验与鉴定中队开展了为期两天的 MQ－9"死神"无人机"自动起飞和着陆能力"试验。第一天，试验人员在内华达州内利斯空军基地的控制站通过卫星控制 MQ－9 无人机，使其从距离机组人

员约 90 千米的内华达州克里奇空军基地起飞,飞至新墨西哥州坎农空军基地;随后,无人机着陆、滑行并再次起飞,然后返回克里奇空军基地。第二天,飞行目的地改为新墨西哥州霍洛曼空军基地,此次试验中,试验人员通过无人机瞄准吊舱对跑道进行测绘,为"自动起飞和着陆能力"系统提供所需的机场交通模式、着陆及再次起飞的数据。此次试验再次验证了 MQ-9 无人机的"自动起飞和着陆能力",对其敏捷战斗运用起到关键推动作用。

### (三)英国公司为英国国防部开发无人机自主技术

9 月,英国 FlareBright 公司获得英国国防部合同,为无人机开发自主技术。该项目将研发一种可在 GPS 或遥控拒止的情况下飞行的固定翼无人机。FlareBright 公司开发的无人机自主技术,可不依赖任何 GPS 和遥控手段,仅利用不可干扰的内部飞行控制和导航手段就可实现安全飞行。该技术已经过验证,并被美国陆军"远征战士实验"项目选中。FlareBright 公司在本合同中的研究目标是在没有 GPS 或任何其他通信手段的固定翼无人机上自主执行 5~10 分钟的飞行任务。

## 三、自动防撞系统价值得到肯定

### (一)美国国会充分肯定自动防撞系统的重要价值

7 月,美国国会国家军事航空安全委员会在详细分析航空事故原因的基础上,肯定了地面/机上自动防撞系统和空中方位感恢复系统对于航空平台的重要价值,并特别指出,空军研究实验室(AFRL)研发的对地自动防撞系统(AutoGCAS)是一种有效防止飞机坠地的先进装备,该装备对于保障航空安全和挽救飞行员生命具有突出意义。AFRL 团队研发的综合自动防撞系统（AutoICAS）是首个用于防止空中/地面碰撞的综合系统，在战斗机高速近距离空中格斗训练中能够及时启动。AutoGCAS/AutoICAS 与飞控系统均有接口，可同时实现防止空中/地面碰撞的目标。自 2014 年配装 F-16 战斗机以来，该系统截至目前已挽救 10 架战斗机和 11 名飞行员。

### （二）贝克航电与艾瑞斯自动化公司联合开发空中防撞系统

贝克航电公司 2021 年正与艾瑞斯自动化公司联合开发一种可选配空中防撞安全增强系统，用于实现对空域潜在威胁飞机的探测和告警，提高通航平台飞行员的态势感知能力，也可提升无人机平台的飞行安全性。联合团队研发的防撞系统应用了计算机视觉和机器学习技术，能够发现飞行员视野外近进的飞机，并发出音频告警信号。该解决方案融合了艾瑞斯自动化公司的卡西亚（Casia）探测/告警技术和贝克航电公司的通信/导航新技术，可适配有人/无人多型平台。基于这种新型空中防撞光电/音频系统，即使在 ADS-B 信号失效情况下，也能够显著提升飞行员对于空域的态势感知能力，提升飞行安全性，并降低飞行员工作负荷。

## 四、超导技术提升电推进系统功率密度和效率

### （一）空客公司启动超导电推进技术研究项目

3 月，空客公司启动了名为"先进超导冷却试验动力系统演示验证"（ASCEND）项目，研究使用超导技术的电推进系统技术。该项目为期 3 年，目标是通过高温超导技术大幅提高电推进系统功率密度和效率（功率密度较常规系统提高 2~3 倍，效率达到 97%）。项目将研制 500 千瓦级电推进/混合电推进系统，包括超导配电系统（超导电缆和电力电子设备）、低温电机控制器、超导电机、制冷系统。

## （二）俄罗斯完成超导电推进系统地面试验

1月，位于俄罗斯新西伯利亚查普利金的一家研究所宣布，根据超导磁体系统原理开发出全球首台混合电推进系统，已完成地面测试，正在雅克40支线飞机的基础上开发配有超导混合电推进系统的试验飞机。在3月的2021年莫斯科航展上，该研究所展示了这种超导混合电推进系统。该研究所还计划两年内研制出不需任何燃料的超导全电推进系统。

## 五、无人机新能源技术受到重视

### （一）美国海军为无人机研发燃料电池和太阳能电池技术

2月，西北UAV公司和美国海军研究实验室成功研制出氢燃料电池原型产品——质子交换膜燃料电池，可满足无人系统高功重比和苛刻操作要求。双方已成功完成该质子交换膜燃料电池的初步运行测试。该质子交换膜电池包含48个电池芯，额定功率为1400瓦，具有结构紧凑、性能可靠且重量轻等特点，采用可堆叠设计，具有独特的可扩展性，易于定制以满足各种推进要求，并可最大限度地提高功重比。4月，美国海军研究实验室披露，其"混合虎"无人机于2020年11月在马里兰州阿伯丁试验场试飞超过24小时，是该无人机演示飞行的最长时间。该无人机夜间由氢燃料电池提供动力，白天则由高效的光伏太阳能电池板提供动力，并集成了能量收集技术。

### （二）SkydwellerAero公司测试太阳能无人机关键系统

4月，美国-西班牙航宇公司——SkydwellerAero公司成功进行了太阳能无人机飞行控制、作动、传感器系统的初始飞行测试/验证。在本次测试/验证过程中，通过在不同飞行高度设置关键测试点，这种太阳能无人机也突破了近 16000 英尺（4876.8 米）飞行高度的世界纪录。通过应用快速工程开发/设计流程，该公司基于真实收集/分析的数据，进一步完善了平台自主飞行软件性能，进一步推进了基于太阳能的永久滞空无人机平台终极目标的实现。

### （三）美国公司为美国陆军开发硅纳米线锂离子电池

10 月，美国安普瑞斯（Amprius）公司与美国陆军签订为期 18 个月的合同，为其无人机设计、开发和检验最先进的高能量密度锂离子电池。美国陆军称，传统电池重量沉、配装无人机续航能力差，无法满足无人机必须具备的重量轻、便于携行、续航时间长等特性的要求。安普瑞斯公司是全球硅纳米线锂离子电池独家生产商，该公司采用硅纳米线技术生产出来的 100% 硅阳极锂离子电池具有公认的能量优势，可使无人机的续航能力提高一倍。

## 六、先进空中加油系统提升空中加油效率

### （一）法国海军"阵风"M 新型加油吊舱形成初始作战能力

1 月，法国海军航空兵宣布，"阵风"M 战斗机的新型加油吊舱"纳兰"（Narang）形成初始作战能力。该吊舱以国际技术公司 IN234000 加油吊舱为基础，经改进将燃油传输速率提升至 750~1000 升/分钟，改善了空中加油性能，并通过集成维护系统减少了技术支持需求。通过配装这种加油吊舱，"阵风"M 可为其他战斗机和 E-2D"先进鹰眼"预警机实施"伙伴加油"。

### （二）空客公司完成自动空中加油系统开发

5 月，空客公司完成 A330 多用途空中加油/运输机自动加油系统开发阶

段工作，准备进入下一阶段，即确定最终版本，并获得认证。空客加油平台创新实现了一套新的改变游戏规则的能力，即增强型运维解决方案和全自动空对空加油操作能力。全自动加油系统可减轻空中加油操作员工作量（空中加油操作员只需按动按钮，监督系统自动运行），提高安全性，优化空对空加油效率，最大程度提升空中优势。

### （三）罗尔斯·罗伊斯公司为美国空军开发空中加油优化与规划系统

9月，美国空军运输司令部授予罗尔斯·罗伊斯北美公司一份价值为80万美元的合同，进一步开发新的空中加油优化与规划系统。该系统旨在最大限度地提高美国空军空中加油相关装备的管理与任务规划能力。罗尔斯·罗伊斯公司将与其合作伙伴应用航空系统公司继续改进各类方案，使整个空中加油的行动和管理更加有效和高效。

## 七、美俄测试新型空降空投系统

### （一）美国空军完成精确空投飞行测试

2021年初，美国空军研究实验室宣布于2020年11月在亚利桑那州尤马基地进行了精确空投飞行试验。在飞行试验过程中，AFRL应用了新研的基于优化货运系统（CDS）的精确空投技术。测试用CDS空投物资的打包质量超过1900磅（861.8千克），成功测试了4个、6个、16个CDS空投物资投放效果。本次试验的目标是证明改进型高空低开（HALO）技术的效能，其中包括空投概率规划算法、无线激活设备中变量传递高度等关键参数的作用。试验证明了AFRL空投设备/方法的有效性。

### （二）DARPA启动军用喷气背包的可行性研究

DARPA正在研究军用喷气背包和其他个人飞行平台用于特种作战的技

术可行性。3月，DARPA通过"小企业创新研究技术转移项目"（SBO）宣布，正在征集研究概念，以帮助其分析、理解"便携式个人飞行平台"的实用性。这种飞行平台可能来自于全新的设计或对现有设计的改进，技术样例包括喷气背包、动力滑翔机、动力翼装和动力翼伞等。DAPRA希望这类便携式个人飞行平台可以由电力推进技术、氢燃料电池或传统的重油发动机提供动力。

**（三）俄罗斯开始测试新型重型装备伞降系统**

俄罗斯Technodinamika集团开始进行新型重型装备伞降系统初始试验。新型重型装备伞降系统初始设计伞降质量为9吨，改进后的最终设计伞降质量为18吨。该系统不仅可伞降空降兵专用的"台风－防空"重型装甲车（18吨多用途装甲车），还能伞降9吨的СПМ－2"虎"式装甲车。

## 八、结束语

飞控系统和机电系统是飞机上重要的功能保障系统，随着飞机机载系统向综合化、智能化、电气化等方向发展，飞控与机电领域技术的先进性对于飞机整体性能的提升越来越重要。因此，美欧航空强国从国家层面到公司层面都不断实施新的发展计划和项目来推动这两个领域技术发展，以继续保持技术领先地位。

（中国航空工业发展研究中心　孙友师）

# 2021 年机载武器技术发展综述

2021 年,以美国为首的西方武器技术先进国家,积极开展各型武器装备的技术研发试验和新技术的开发。美军积极开展远程空射反舰导弹、空射型"远程精确弹药"、托盘化弹药、空射型"可调控效应弹药"、空射吸气式高超声速巡航导弹等装备技术的演示试验,推进 GBU-72 重型钻地弹和 AGM-183A 高超声速导弹的技术演示试验;美、俄、英、法积极开展机载武器新技术的研发和演示试验,美军按计划开展了"金帐汗国"自主弹药蜂群技术、"防区内攻击武器"相关技术、低成本通用弹药技术的研发,完成系列先进高超声速技术演示试验;美军利用运用数字孪生技术促进武器设计和试验技术进步,英、法、俄则推进人工智能技术在机载武器的应用,以提升智能化机载武器规模、增强武器作战能力。

## 一、美国积极开展各型武器装备的技术研发和演示试验

### (一)美国海军重启"进攻性反舰战"增量 2 计划,开展远程空射反舰导弹技术研究

4 月,美国海军航空系统司令部发布通告,启动"进攻性反舰战"增量

2 计划，寻求一种由舰载机携载的、主要打击"能力相当对手"水面舰艇的远程空射武器系统，从而使该军种"能够控制近海水域和反介入/区域拒止（A2/AD）环境，并在其中作战和对抗"。美国海军计划采用完全开放和竞争方式开展"进攻性反水面战"增量 2 计划，希望其成果在 2028—2030 财年形成初始作战能力。

**（二）美国空军"速龙"计划成功完成托盘化弹药空投演示试验**

3 月，美国空军战略开发规划与实验办公室已会同空军特种作战司令部，在新墨西哥州白沙导弹靶场举行的"翡翠勇士"演习中，成功开展了此前被称为托盘化弹药的"速龙"（Rapid Dragon）项目投放试验，解决了此前演示中托盘化弹药空投后存在的稳定性问题，证明了该计划具备为作战人员提供快速火力支援的能力。8 月，"速龙"项目在新墨西哥州白沙导弹靶场成功完成了两次技术演示验证。这也是该项目首次开展系统级飞行试验。此次试验评估了使用运输机批量投射远程打击武器的能力，以及通过超视距指挥与控制节点，向 EC–130J 和 C–17A 飞机搭载的 AGM–158B "增程型联合空地防区外导弹"（JASSM–ER）传输目标瞄准数据的能力。12 月，该项目完成最后一次系统级试飞，试验中 MC–130J 运输机飞行中接收新的瞄准数据，随后中继传输给联合空对面防区外增程导弹（JASSM–ER）试验弹，并完成该巡航导弹的投放并击中目标。

**（三）美国陆军启动空射型"远程精确弹药"技术开发**

6 月，美国陆军 2022 财年预算申请文件显示，该军种计划研发可由空基平台发射的"远程精确弹药"（LRPM），要求该弹药与载机高度集成，具备快速响应能力，支持"联合全域作战行动"（JADO）概念，可在"反介入/区域拒止"环境和"定位、导航、授时"（PNT）降级环境中高效作战。

### (四) 美国空军完成空射型"可调控效应弹药"技术演示

7月,美国空军研究实验室完成"可调控效应弹药"(DME)实验性武器计划的技术演示。该计划的目标是使空射武器的毁伤效应能够在飞行过程中"动态定制",同时开发、成熟、演示和转化相关技术。DEM弹重约908千克,有面攻击、精确杀伤和侵彻穿深三种毁伤效应可选,可精确控制弹药的杀伤半径、破片速度和方向,还配备有"杰达姆"精确制导炸弹的尾翼套件用于制导。

### (五) 美国空军完成5000磅级的GBU-72重型钻地弹初步试验

10月,美国空军第96试验联队使用1架F-15E战斗机,在约10670米高空投掷了1枚GBU-72"先进5000磅级钻地弹"(A5KP),标志着该弹完成初步试验,将正式开展研制试验和作战试验。美国空军称,GBU-72在埃格林空军基地进行的地面试验规模创该基地历史纪录,为此前纪录保持者的两倍以上。GBU-72重约2270千克,主要用于打击加固深埋目标,侵彻和毁伤能力较现役GBU-28钻地弹显著提高,计划配备美国空军的轰炸机和战斗机机队。

### (六) 美国空军成功完成AGM-183A空射高超声速助推滑翔导弹完整杀伤链演示试验和首次弹头引爆试验

5月,在"北方利刃"21(NE21)演习中,美国空军第49试验与鉴定中队的一架B-52H轰炸机成功演示了AGM-183A"空射快速响应武器"(ARRW)高超声速助推滑翔导弹的完整杀伤链。此次演示历时13小时,B-52H从路易斯安那州巴克斯代尔空军基地起飞,飞抵阿拉斯加州埃尔门多夫-理查德森联合基地模拟发射ARRW,随后返回。B-52H通过相距超过1850千米外的"全域作战行动能力试验"(ADOC-E)传感器获得瞄准数据,在距离目标约1100千米处完成发射程序。

综合动向分析

7月，美国空军第780试验中队在佛罗里达州埃格林空军基地开展试验，首次引爆了AGM-183A"空射快速响应武器"高超声速助推滑翔导弹的弹头。美国空军未透露试验详情，但表示通过此次试验收集了关键数据。

### （七）美国空军进一步开展空射吸气式高超声速巡航导弹关键技术研发，DARPA完成样弹自由飞试验

9月，美国空军未来高超声速办公室先后授予波音、洛克希德·马丁和雷声公司"南十字星综合飞行研究试验"（SCIFiRE）项目合同，要求完成第一阶段初始设计评审。该项目预计将基于DARPA的"吸气式高超声速武器概念"（HAWC）开展设计，为后续的"高超声速攻击巡航导弹"（HACM）项目筑牢技术基础。按计划，SCIFiRE项目将于2024财年开展飞行试验，未来有望配装美、澳空军的F-35A、F/A-18E/F、EA-18G、P-8A等作战飞机。

9月，DARPA联合美国空军完成了"吸气式高超声速武器概念"（HAWC）样弹的自由飞试验。该弹由雷声技术公司牵头研制，动力系统由诺斯罗普·格鲁曼公司提供，在试验中达到了马赫数5以上的飞行速度，但飞行距离不详。DARPA称，此次试验成功达成了检验样弹综合与投放程序、样弹与载机安全分离、助推器点火与工作、助推器分离与超燃冲压发动机点火并进入巡航状态等主要目标。

## 二、强国积极研发机载武器新技术

### （一）美国空军完成"金帐汗国"项目第一阶段的飞行演示

5月，美国空军利用两架F-16战斗机分别投放2枚和4枚"合作式小直径炸弹"，演示了多弹同时命中多个目标、双弹同时命中同一目标等能

力，成功完成"金帐汗国"自主弹药蜂群项目第一阶段全部试验。此前，该项目于 2020 年 12 月和 2021 年 2 月完成首次弹间合作飞行试验及"4 弹同时命中 4 个不同目标"的飞行试验。9 月，美国空军研究实验室宣布该项目将转向开发"斗兽场"数字化武器试验环境，在"实况 – 虚拟 – 构造"（LVC）环境中快速开发与演示验证组网合作与自主武器技术。"金帐汗国"项目旨在通过技术改进，以较低的成本实现现役多型机载武器网络化协同、高效饱和打击，为美国空军提供新的打击手段。第一阶段试验的完成标志着该项目已取得重要进展，实现了从技术开发到成果演示的突破。

### （二）美国空军积极部署"防区内攻击武器"相关技术研发

3 月，美国空军寿命周期管理中心发布公告，计划向 5 家公司授出"防区内攻击武器"（SiAW）项目相关技术的研发合同，而非采用完全且开放式竞争性采办，旨在加快该项目的研制进度。这五家公司分别是波音、L3 哈里斯、洛克希德·马丁、诺斯罗普·格鲁曼和雷声。美国空军希望在五年内完成 SiAW 的快速原型化并列装部队，因此上述公司也是仅有的有能力在这一时间要求内完成先进技术开发和集成的企业。

### （三）美国海军、陆军完成系列先进高超声速技术演示试验

10 月，美国海军战略系统计划办公室（SSP）与美国陆军高超声速项目办公室（AHPO）联合进行了系列先进高超声速技术演示。此次试验由桑迪亚国家实验室在 NASA 沃洛普斯飞行中心实施，通过 3 次精密探空火箭发射进行高超声速试验，填补了武器系统研发期间地面试验和全系统飞行试验之间的关键空白，有助于高超声速技术的快速成熟。此次试验的结果将用于指导美国海军"常规快速打击"（CPS）项目和美国陆军"远程高超声速武器"（LRHW）项目的后续发展。

### (四)英法积极利用人工智能技术提升武器作战能力

11月,由英、法两国共同出资约2000万美元组成的"导弹材料、部件和技术创新合作基金"(MCM – ITP)表示,希望利用人工智能技术改进武器研发、导弹路径规划和目标快速识别与瞄准等能力。根据研究项目的总体发展,该基金已更名为"复杂武器技术创新合作基金"(CW – ITP),每年支持的项目由15个增至20个。

### (五)美国空军推进基于数字工程的武器设计和试验鉴定技术进步

11月,美国空军近期发布了新的"高速公路驶入匝道"计划,以验证数字设计用于机载武器后所能产生的优势。美国空军研究实验室已启动"斗兽场"数字生态系统建设工作,通过合成试验环境对不同类型的武器弹药进行试验和鉴定。美国空军武器中心也推出了"埃格林广泛敏捷采办合同",一方面大范围征集专门从事先进制造、高性能计算、能量学以及建模仿真的承包商,另一方面竭力压缩武器的采办和升级周期。

### (六)美国空军拟重点开发低成本、有效载荷可更换的通用弹药技术

11月,美国空军高层表示,该军种正从旨在打击特定类型目标的武器转向低成本、可更换有效载荷的通用弹药。美国空军希望未来机载武器由轻质材料制成,单价不超过30万美元,从而增加生产数量、降低研制成本,扩大单次任务中可打击的目标类型,同时避免使用复杂、昂贵的特定用途武器。这种新型"多域"弹药将成为美国空军的通用机载武器,而特种武器可能是用于打击移动目标的高速、远程导弹,以及用于打击加固、深埋目标的重型弹药。

## 三、结束语

机载武器技术是美欧等军事强国武器装备发展的重要内容,美欧等军事强国充分认识到机载武器发展的重要性,在积极开展先进机载武器技术的研发与试验验证,以及颠覆性设计理念与技术的研究,以继续保持机载武器装备的技术优势。

(中国航空工业发展研究中心　闫娟)

# 2021 年航空材料技术发展综述

2021 年,虽然受到新冠疫情和全球经济发展缓慢的影响,但是国外发达国家在航空先进复合材料、高性能金属材料、特种功能材料和航空电子信息功能材料领域依然开展了大量研究工作,并取得突破性的阶段进展。

## 一、新型先进复合材料多项技术齐头并进

**(一)美国加热毯系统支持非热压罐复合材料飞机旋翼叶片加工**

2 月,美国 Veelo 技术公司专利加热毯 VeeloHEAT Caul 应用于复合材料飞机转子叶片。该系统可实现原位固化,无需将长而笨重的转子叶片运输到烤箱,提高了复合材料制造和维修率,减少了废品。VeeloHEAT Caul 的设计具有灵活性和柔韧性,可实现高度悬垂,为大且几何复杂的旋翼叶片表面区域提供均匀加热覆盖。该加热毯可轻松适应定制形状和大型工具,结实耐用,桥接问题很少,并提供可选的基于 FKM 的加热器系统,实现高性能和材料兼容性。

**(二)东丽公司发布 CMA 3900 预浸料系列 AMS 规范**

3 月,东丽美国复合材料公司宣布全新结构预浸料系列产品 CMA 3900

已经正式上市,该产品已建立并具有广泛共识的设计许用值数据库,方便用户获取相关信息。美国汽车工程师协会材料委员会已经针对东丽公司的 3900-2 单向带和织物产品建立了全新 AMS 规范(AMS6891);东丽公司表示,目前这种材料已经通过 AMS 6891 进行采购和质量认证。在 CMH-17 手册的下一个修订版本中将会发布 5 批次 3900 系列产品的设计许用值。许用值的测试和数据库的建立是根据 FAA 要求而完成的,这项工作旨在为军用、商用及航空航天等领域主要结构复合材料应用的设计和认证提供便利。

### (三)美国空军成功验证连续纤维 3D 打印机翼翼梁

4 月,美国连续复合材料公司利用其专利的连续纤维 3D 打印技术(CF3D),成功打印了 2 个 2.4 米长、1.8 千克重的碳纤维复合材料翼梁组件,完成了美国空军研究实验室为期两年的机翼结构制造设计(WiSDM)合同。最终的机翼组件的静力试验结果表明,完全组装的机翼被加载到设计极限载荷的 160%。没有检测到对 CF3D 打印的翼梁的测量或视觉损坏。打印的碳纤维翼梁实现了 60% 的纤维体积分数,具有 1%~2% 的空隙。这种新型复合材料制造方法的特点是原位浸渍、固结和固化,显著降低了成本和缩短交货时间。全自动工艺具有切割和重新进料功能,可在结构内实现层片下降和可变零件厚度。该项目优化了定向结构纤维,成为了使用定制的 CF3D 材料解决方案的成功案例,对于替代传统复合材料制造方式、降低复合材料部件的成本和交货时间具有重要意义。

### (四)欧盟试制最大热塑性复合材料机身结构件

6 月,荷兰宇航联合团队表示,有望制成"多功能机身演示器"(MFFD)最大结构组件(8.5 米长下机身蒙皮),显著推进"洁净天空"2 项目进展。在项目中,联合团队的目标是研究如何将不同的制造过程有机融合,使结构性/非结构性组件完美集成。为此,联合团队应用新材料,尝试制造了飞机的下机身组件。在制造过程中，联合团队应用了最先进的自动纤维铺设技术，下半部分原位固化，上半部分通过热压罐固化，充分验证了热塑性复合材料和自动纤维铺设技术对于制造飞机蒙皮、加强筋/底梁/机舱/舱门等结构件方面的通用性。这一试验项目的成功，开创了大型热塑性复合材料结构件制造的先河。虽然在成本方面，热塑性复合材料件较传统热固性材料件更贵，但从长期收益来看，新材料更具优势。热塑性复合材料比热固性材料轻，基体材料更坚韧，抗冲击损伤能力更强；另外，热塑性复合材料零件结合时，只需要进行加热即可有效连接，无需使用传统紧固件，整体集成性和轻量化优势显著。

## 二、高性能金属材料工艺探索成为亮点

### （一）美国艾姆斯实验室新算法实现高熵合金配方的快速识别

1月，美国能源部所属的艾姆斯实验室在《自然计算科学》杂志上发表了一篇关于"布谷鸟搜索"算法的文章。这种新算法可以将搜索高熵合金的时间从数周缩短到几秒。高熵合金在强度、抗断裂、耐腐蚀、抗氧化方面的性能十分突出，同时能够很好地适应高温、高压的极端环境。高熵合金在航空航天、核工业及国防工业领域都占有重要地位。高熵合金的配方，至少需要5种以上不同的元素互相组合，可能形成的配方数以亿计，很难通过实验确定配方，并且由于这些材料价值高昂，开发成本居高不下。艾姆斯实验室从布谷鸟巢寄生性得到启发：布谷鸟在宿主鸟的巢里产卵，让宿主鸟对布谷鸟的卵进行孵化并将其养大。艾姆斯实验室发明的布谷鸟搜索是一种群智优化算法，该算法采用随机游走的方式从可能的备选方案中寻求最优解。

## （二）意大利开发3D打印轻质钛合金Ti6242工艺

3月，意大利BEAMIT集团宣布已经开发了钛合金Ti6242的增材制造工艺。Ti6242可替代镍基高温合金制造的零件，用于排气装置和超声速飞机发动机材料，减重同时又不损失强度。Ti6242具有轻质、高拉伸强度的特性，能够承受高达550℃的温度，可以打印复杂的形状。BEAMIT的激光粉末床熔合3D打印工艺生产出的部件具有高达1000兆帕的拉伸强度，优异耐热性能，重量仅为4.5克/厘米$^3$。据公司称，新开发的工艺还可以通过废物预防和粉末回收来获得可持续性收益。BEAMIT集团材料与特殊工艺经理表示技术的关键在于热处理。研究团队设计了不同的真空循环以优化在室温和高温下的机械性能，并开发了集成的高压热处理工艺。经测试，3D打印组件的性能要优于传统锻造组件。

## （三）赛峰已验证金属3D打印飞机起落架大型结构件的可行性

3月，赛峰集团宣布验证了金属3D打印生产大型结构零件的可行性。传统起落架零件，通常是通过5轴加工和3个锻造零件组装而成。赛峰集团利用SLM激光选区熔化钛合金3D打印技术对起落架壳体进行了重新设计，能够在单个生产周期中进行制造。这种方法消除了组装的缝隙，并使重量显著降低了约15%。机器采用德国SLM解决方案公司的金属3D打印机SLM800，还配备了4个激光器，加快打印速度，减少生产时间，可以减少零件的内部应力；特别是专利的气流管理系统和永久性过滤器，可确保最高可靠性。由于采用了高性能的钛合金，70%零件表面都没有经过处理，仅对功能部位表面进行了机械加工。赛峰将在2022年通过测试台进行测试，确保合格，然后将集成到设备中，为3D打印飞机结构件铺平道路。

## （四）俄罗斯优化工艺参数使316L钢的疲劳强度提高81.25%

12月，俄罗斯RUDN大学联合研究团队发现，利用喷丸工艺，有望将

AISI 316L 钢疲劳强度提高 81.25%。不锈钢 AISI 316L 因其高耐腐蚀性和卓越的生物相容性，广泛用于航空航天。为了提高金属零件的性能，通常对金属表面进行热处理——对材料进行加热和冷却。热处理的一种可能替代方法是喷丸处理。喷丸是使其更坚固的冷加工工艺之一，该工艺在不加热的情况下进行，强烈的气流以小颗粒撞击金属，使金属表面更硬并产生残余压应力，并减小晶粒尺寸。研究人员通过实验研究了 42 种不同强度和不同覆盖面积的喷丸。结果表明，最佳参数结果是强度约为 25（阿尔门测试，通过弯曲测试板进行测量，测试板与所研究的材料进行相同的处理）和 1500% 覆盖面积（设备通过材料的每个区域 15 次）。这可以将材料的疲劳强度提高 81.25%。

## 三、特种功能材料开展先期布局

### （一）美国奎斯泰克公司开展涡轮叶片超高温材料开发

3 月，美国奎斯泰克公司获得美国能源部先进能源研究计划署 120 万美元资助，设计和开发用于下一代涡轮叶片的新型合金和涂层材料，这些材料将是适用于增材制造的功能梯度铌基多材料合金系统，能够维持高温运行并提高燃油效率。为了实现材料和部件的同步设计，同时加速下一代发动机材料的应用，奎斯泰克公司将与普惠公司展开合作，后者将负责航空航天需求的确定、部件设计以及测试和认证过程的指导。此外，该公司还将与 NASA 喷气推进实验室和明尼苏达大学展开合作，双方将分别负责增材制造工艺和涂层的开发。

### （二）美国丹佛大学研究可提高玻璃板抗冲击性能的弹性体涂层

5 月，美国丹佛大学的研究人员将弹性聚氨酯/聚脲涂覆于硼硅酸盐玻璃板上，以提升玻璃板的抗冲击性能。聚合物涂层已被用于缓解爆炸冲击，但并未用于脆性玻璃材料上。研究人员在边长 10.16 厘米、厚 0.635 毫米的正方形硼硅酸盐玻璃板上喷涂不同厚度的聚氨酯/聚脲弹性体涂层，对喷涂后的玻璃板进行落塔试验，分析涂层厚度与冲击性能之间的关系，以及样品失效时的临界参数（最大接触力、冲击能等）。结果表明：玻璃板的抗冲击性能随涂层厚度的增加而增加，当涂层厚度超过 1.3 毫米后，玻璃板承载的最大接触力和最大冲量几乎保持不变；涂层可使玻璃板承载的最大接触力提高 4.25 倍，达 12.8 千牛；承受的总冲量提高 8.31 倍，达 12.4 牛·秒。这项研究验证了聚氨酯/聚脲涂覆对提高硼硅酸盐玻璃抗冲击性能的有效性，对这种涂层未来用于制造防弹玻璃等具有指导意义。

### （三）加拿大推出基于碳的纳米技术增强型疏冰涂层

8 月，加拿大 Zentek 公司宣布开发一种正在申请专利的碳基纳米技术增强涂层，旨在防止积冰，可应用于飞机。裸铝合金的冰附着强度约为 500 千帕；要被归类为疏冰，黏合强度必须小于 100 千帕。虽然某些涂层可能证明可以防止冰黏附，但它们仅限于实验室环境，并且关于将它们视为飞机冰防护系统的实际应用所必需的耐久性问题仍然存在。开发具有分散石墨烯的纳米技术增强涂层有可能通过增强整体机械性能来解决这个问题。Zentek 的涂层测试结果表明其黏附强度始终保持在 20 千帕左右，比铝提高了 96%，比 100 千帕阈值提高了 80%。Zentek 下一步将进行飞行试验，还将测试这种涂层作为一种有效的被动手段在飞行中为无人机螺旋桨除冰以实现全天候操作的可行性。如果成功，这将允许无人机在更具挑战性的天气条件下进行更安全的操作。

### （四）美国 PPG 公司 3D 打印出 C–130J 运输机货桥密封件

11 月，美国 PPG 公司宣布为洛克希德·马丁公司 C–130J 军用战术运输机的后货桥提供了 6 套定制设计的货桥密封件。PPG 公司利用一种名为 PPG ARE 的环境反应挤压（ARE）专利技术，将合格的航空密封胶通过增材制造技术制成易于安装的货桥密封件。3D 打印工艺使 PPG 能够定制各种部件的设计，如货桥密封件，可以不断改进工艺，同时提高可持续保障性。通过增材制造，精确数量的材料沉积在零件的精确布局和设计中，从而减少浪费、节约能源、消除手动创建的产品的返工并缩短将产品推向市场所需的时间。与当前的制造工艺相比，这种技术能够显著减少生产时间、降低成本。

## 四、结束语

2021 年国外军用航空材料技术依然保持一个稳定的发展态势。总的来看，有三项发展趋势：一是受到降成本和提升生产效率的需求牵引，3D 打印的材料范围从钛合金、钢等金属领域走向连续纤维的树脂基复合材料领域；二是大量的材料产品经过验证和数据积累走向实用化，如东丽公司发布 CMA 3900 预浸料系列和新一代密封件；三是人工智能技术和新的算法为新材料研发蓄力，有望在未来的 5~10 年发现更多的新材料。

（中国航空工业发展研究中心　胡燕萍　陈济桁）

# 2021 年航空制造技术发展综述

2021 年，航空工业强国大力推动航空制造技术创新发展，在数字工程、复合材料、增材制造、数字化与智能制造等多个方面取得重要进展，先进网络与通信技术加速制造业迈向数字互联时代。

## 一、数字工程全面支撑航空装备研发、生产与保障

### （一）美国空军研究实验室演示"一号武器"数字孪生技术

1 月，美国空军研究实验室在虚拟弹药模拟平台上进行了"一号武器"（WeaponONE，W1）演示验证工作。演示过程展示了如何从武器系统采集数据，与战场环境中的数据融合，然后通过先进战斗管理系统向数字孪生系统回传。数字孪生系统在人工智能/机器学习等新兴技术辅助下的高性能计算系统上运行，在确定最优作战方案后，决策信息将迅速传递给战区物理武器系统。基于模型的武器系统基本架构实现了武器系统之间的灵活性、模块化、可复用、一致性，为开发易用、适应性强、高效精准契合目标需求的产品提供了支撑。

## （二）美国势必锐公司展示"北极星"数字工程先进装配演示验证项目

8月，美国势必锐系统公司展示了联合洛克希德·马丁公司"臭鼬工厂"开展的"北极星"数字工程先进装配演示验证项目。基于洛克希德·马丁公司"星驱动"数字工程环境无缝协同和数据共享的优势，势必锐公司成功在X-59超声速飞机的部分结构上实现了全尺寸孔确定性装配。研发团队能够基于产品要求，对生产流程进行设计、规划、模拟、实施和验证，最终使产品装配时间缩短70%，产品初始质量提高95%。

## （三）波音公司完成首架T-7A高级教练机机身快速对接

5月，波音公司宣布，首架T-7A"红鹰"高教机在不到30分钟内实现了前后机身对接。与传统对接流程相比，耗时减少了95%，质量也得到显著提高。这架T-7A的后机身由瑞典萨伯公司研制，对接工作由波音公司机械师负责，将用于静态测试。波音公司表示，在数字化设计支持下，工程与制造开发型T-7A的整体生产质量提高了50%，钻孔缺陷减少了98%。作为美国空军第一架数字化开发的e系列飞机，T-7A验证了基于模型的工程和3D设计的优势。

## （四）罗尔斯·罗伊斯公司利用数字建模技术赢得B-52轰炸机发动机替换合同

9月，罗尔斯·罗伊斯公司中标美国空军B-52轰炸机"商业发动机更换计划"（CERP）。该合同包含备用发动机、长期维护保障服务等选项，总额可达26.04亿美元，发动机总交付量可达650台。为赢得B-52 CERP项目，罗尔斯·罗伊斯公司采用数字建模技术"制造"了B-52轰炸机的机翼，并安装了F130发动机。借助数字模型为美国空军演示其发动机和换装模式将如何降低风险，实现高效、经济且按时的换装，以及如何更轻松地完成维护工作。

### (五) 美国空军计划利用数字孪生技术复制 F-16 战斗机

7月,美国空军寿命周期管理中心 F-16 项目办公室与美国威奇托州立大学国家航空研究所 (NIAR) 签订为期四年的合同,要求 NIAR 利用数字孪生技术复制出除发动机之外的 F-16 全尺寸 3D 模型,以支持 F-16 战斗机维护和现代化改造。根据合同,美国空军将拆解两架 F-16 战斗机,并将部件送往 NIAR。项目旨在解决零件报废时供应链出现风险的问题,并针对 F-16 未来的升级工作或重大维修开展更多基于模型的数字化验证,并使得军方能够尽快跟上供应商的数字化水平。

## 二、复合材料制造工艺与应用向高精度、多领域拓展

### (一) 美国公司为美国空军 XQ-58A 无人机生产复合材料进气道部件

2月,美国高性能、复杂结构复合材料制造商 Hawthorn 公司宣布获得结构进气道制造合同,用于为美国空军 XQ-58A 无人机提供 12 个进气道部件。结构进气道将由手工铺覆碳纤维预浸料和热压罐固化工艺,转变为使用干纤维自动编织到智能模具中、真空辅助树脂传递模塑灌注和固化。这种制造工艺流程的变化可使零部件制造所需的劳动力减少 67%,而零部件的重量也仅比传统方法增加 0.2%。

### (二) 美国公司为美国空军开发低成本可消耗飞机机翼结构设计与制造技术

4月,美国连续复合材料公司宣布完成了美国空军研究实验室为期两年的"面向制造的机缘结构设计"合同项目,成功为洛克希德·马丁公司制造了一副低成本可消耗飞机的机翼。该机翼采用创新的结构设计范式和翼梁连续纤维 3D 打印、翼肋长纤维注射成型、增材制造工装、蒙皮自动纤维

铺放、自动钻孔和机器人装配等制造工艺，显著减少了可消耗机体结构的成本和交付周期。最终制造的完整翼盒在静力试验中成功通过了160%的设计极限载荷。

**（三）英国公司利用多模态机器人系统显著提高复合材料部件无损检测效率**

6月，奥地利FILL公司宣布其柔性、动态的ACCUBOT多模态机器人系统已被英国GKN公司引入其位于德国慕尼黑生产复合飞机部件的工厂，显著提高了无损检测的效率和可靠性，可以使GKN公司每年的几何检查时间从11小时减少到0.5小时。ACCUBOT解决方案采用两个在直线轴上平行运行的关节型机器人，可以在一次装夹下用不同的方法进行检测。系统集成了X射线、断层扫描、热成像和非接触几何测量等手段。此外，带有附加旋转轴的工具能够在狭小的、高度扭曲的区域进行穿透检测。

## 三、增材制造助力装备快速、轻量化制造与保障

**（一）美国国防部发布首个增材制造战略和指示文件**

1月，美国国防部制造技术项目办公室发布了首个综合性的《增材制造战略》，就提升国防系统创新和现代化、提升装备完好率以及作战人员战备水平形成战略共识，提出"将增材制造集成到国防部和国防工业基础中、协调国防部和外部合作伙伴的增材制造活动、促进增材制造的敏捷应用、提高增材制造熟练程度、加强增材制造工作流程的安全性"五项战略目标。6月，美国国防部研究与工程副部长办公室发布5000.93指示文件《增材制造在国防部的使用》，就增材制造在国防部的实施和应用制定政策、明确责任，并围绕采办、研究与工程、供应链、数据管理、安全、标准等要素制

定了指南，将有力推进增材制造在装备研制、保障、战备中的使用，支撑灵活、快捷的采办需求。

**（二）GE 航空公司获得美国空军首个增材制造发动机部件适航资质**

6 月，GE 航空公司宣布获得了美国空军对 F110 发动机增材制造油底壳盖（图 1）的工程变更提案批准，达到美国空军和 GE 航空公司"探路者"计划的最新里程碑。该部件是第一个为金属增材制造设计和生产的发动机部件，快速获得美国国防部的认证为更多用于军事的增材制造部件的认证奠定了基础。11 月，美国空军和 GE 公司宣布"探路者"计划进入第三阶段，将主要解决飞机发动机的"冷启动"难题，"冷启动"的部件通常需要 300 天以上的时间来采购，项目将为该部件创建三维数字技术数据包（TDP），并交付 4 个适航的近净铸件，GE 公司已成功打印了两个钴铬合金的双臂曲轴和横轴臂部件。

图 1　F110 增材制造出的发动机油底壳盖

## （三）美国空军开发"X射线视觉"工具以减少增材制造零件鉴定时间和成本

3月，美国空军研究实验室与康奈尔大学合作开发了一种工具，可以在关键零件制造过程中，特别是增材制造过程中直接观察复合材料组件内部结构，在零件成形时寻找材料中的空隙或不一致性。这项新技术结合了相衬成像和微束扫描技术，可以生成生产过程中和生产后产生零件的实时X射线散射图像，可用于先进无人机和卫星系统的复合材料部件的鉴定和认证，有望为美国空军节省数百万美元。

## 四、数字化技术集成与智能生产能力持续增强

### （一）洛克希德·马丁公司完成棕榈谷"智能－柔性工厂"建设

8月，洛克希德·马丁公司宣布耗资40多亿美元兴建的"智能工厂"已完成基础设施建设。新厂位于加州棕榈谷"臭鼬工厂"厂区，新厂占地21.5万英尺$^2$（约2万米$^2$），拥有员工450名。棕榈谷"智能工厂"具有"智能工厂框架、制造环境先进、设置灵活性强"等特点，工厂具备数字基础，能够集成机器人、人工智能和增强现实技术等智能制造手段，搭载物联网并快速、经济地提供尖端解决方案。

### （二）BAE系统公司未来工厂正在建立数字化连接

6月，BAE系统公司"未来工厂"项目在位于英格兰北部沃顿的首个工厂设施中建立数字化连接。该项目致力于开发英国未来战机"暴风"所需的下一代制造技术，目标是实现交付时间缩短一半。项目利用专业软件连接、访问和控制工厂内不同机器人、自主机器人、机器和智能工作站的工业数据，实时获取关键数据，来管理4万英尺$^2$（约3716米$^2$）工厂的供

应和维护,用户可以通过屏幕创建和查看实时数据,支持工作流规划和实时决策。

### (三) 势必锐公司成立国防原型中心

10月,美国势必锐公司与威奇托州立大学的国家航空研究所合作成立国防原型中心。该中心建有12.5万英尺$^2$(1.16万米$^2$)的制造和试验场地,具备高温测试、材料制造加工、无损检测、机器人自动纤维制造、高压处理等加工/测试能力。此外,还在高温材料特殊设计、优化应用、可靠性/安全性设计方面具有突出优势,将推进新型高温材料和复合材料开发、原型制造和工业化实现。

### (四) 韩国航空航天工业公司为KF-21战斗机建设智能工厂

4月,韩国航空航天工业公司宣布计划在未来5年内投资985亿韩元(合8800万美元),建设采用人工智能和大数据分析技术的"智能工厂",以支持新型KF-21战斗机的生产。韩国航空航天工业公司还希望将该工厂整合到韩国航空航天领域的更广泛的自动化生产生态系统中。

## 五、先进网络与通信技术加速制造业迈向数字互联时代

### (一) 德国研究所开发基于5G和TSN网络的端到端实时通信设施

2月,德国弗劳恩霍夫生产技术研究所(IPT)联合机械工程、网络技术和机器人技术领域的合作伙伴,开发了一种基于5G移动技术和时间敏感网络(TSN)的端到端实时通信基础设施,以在5G生产网络中实现快速可靠的数据交换。合作伙伴正在测试初始应用场景,包括实时控制机器人辅助的激光加工和协作机器人装配过程。此外,IPT正在测试使用现代边缘云系统进行数据的快速处理,以开发5G在网络化自适应生产中的潜力。

## （二）美国公司为美国空军开发基于区块链和增材制造的外场零部件制造方法

4月，美国区块链创新企业SIMBA Chain公司宣布获得美国空军快速维修办公室合同，开发一种基于3D打印和区块链技术的解决方案，最终将使美国空军能够在外场制造、测试和部署用于飞机和其他武器装备的可替换零件，包括前向作战地点和海外基地。项目的核心是数字供应链的启用和安全防护，SIMBA Chain的区块链技术可确保数据完整性，并防止知识产权和通信遭到篡改。

## （三）英国首个工业量子安全网络成功实现制造数据远程共享

4月，由"数字工程技术与创新"组织、英国电信和东芝公司创建的英国首个工业量子安全网络，在2个月的试用期内成功地使用量子密钥分发共享远程制造的实时数据。项目团队在英国国家复合材料中心和建模与仿真中心之间部署了覆盖范围达7千米的量子安全网络，通过使用标准光纤基础设施和专用路由，成功对复合材料机床进行了远程操作，该型复杂机床可用于制造精密的中空航空发动机叶片。

# 六、结束语

2021年，航空制造技术在多个方面取得重要进展。数字工程方面，美军和各大军工企业大力推进数字工程转型，通过开发数字工程工具手段和利用数字孪生等数字工程技术，促进下一代空战装备的快速研制与创新发展；复合材料构件方面，制造工艺与应用持续向自动化、大型化发展，并针对检测手段开展了大量研究试验；增材制造方面，美军将增材制造视为战备后勤与维修保障的重要手段，通过顶层战略牵引、认证支持等举措促进增材制造发展应用；数字化与智能制造方面，国防制造商积极建设集成优势技术的智能互联工厂，数字化和自动化应用进一步深入，机器人、物联网等技术不断为产品装配与管理带来先进的解决方案；此外，随着5G等新一代网络与通信技术的快速发展，欧洲多国积极探索面向工业4.0的先进网络部署与应用，为航空制造的高可靠无线互联、增强现实和实时监控等带来无限可能。

（中国航空工业发展研究中心　阴鹏艳）

ZHONGYAO
ZHUANTI FENXI

# 重要专题分析

# 美国空军"先锋"计划项目进展及影响分析

为了维持美国的军事优势,美国空军高度重视军事科技发展,发布了新的科技战略。"先锋"计划作为美国空军新版科技战略所提出的重要举措,目前包含"天空博格人""导航技术卫星"-3、"金帐汗国"和"火箭货运"4个项目,对美军科技发展具有重要影响。

## 一、"先锋"计划的产生背景

通过对美国空军科技战略的梳理,总结归纳出"先锋"计划的产生背景如下:

### (一)聚焦五大战略能力,谋求科技优势

2019年4月,美国空军公布《美国空军科技战略:为2030年及之后加强美国空军科技》文件(以下简称《战略》)。《战略》提出了一个未来战争的核心目标,即"在未来战争中的所有作战域中,主宰时间、空间和复杂性,以投送力量和保卫国土"。为此,《战略》提出了"发展并形成战略转型能力""改革领导和管理科技的方式"和"优化拓展科技研发机构的人

才建设及对外合作机制"3个具体的目标及相应的关键举措，意图通过敏捷的方式发展技术并形成跨越式转型。其中针对"发展并形成战略转型能力"目标，《战略》阐释了美国空军五大战略能力需求，即：全球持久感知，有韧性的信息共享，快速、有效的决策生成，复杂且不可预测的规模化作战能力，提高破坏和杀伤的速度及范围。

为满足上述五大战略能力需求，美国空军提出设立"先锋"计划。"先锋"计划在五大战略能力的指导下，旨在设想、完善并演示验证能够改变游戏规则的新型作战能力，在未来十年中为作战人员提供战场上的技术领先优势。"先锋"计划主要面向先进技术开展预先研究，开展单项技术研究，以及验证可行的、颠覆性的复杂系统和体系。

**（二）改革管理方式，平衡现有投资组合**

"先锋"计划不仅是实现五大战略能力的重要手段，也是美国空军重构其管理流程和科技投资组合的缩影。《战略》指出，美国空军目前的科技投资组合不仅需要宽泛、赋能和持久的组合，也需要更聚焦的颠覆性投资组合，以推动未来部队设计。

当前美国空军的预先研究工作主体是空军研究实验室。美国空军科技投资投向、管理架构主要按技术学科分列，尤其是空军研究实验室下设的科研部门架构，如航空航天系统部、定向能部等。这种按学科的科技投向方式不适用于提供满足未来部队所需的颠覆性、多学科的体系技术解决方案。为此，"先锋"计划作为现有投资组合的补充，从全局出发，实施跨机构管理，并注重竞争。美国空军和其他政府研究组织、工业界和学术界就新的"先锋"计划项目提案展开竞争。在每年一届的"战争技术"（Wartech）峰会上，转型建设执行委员会将会筛选出一批值得优先发展的项目清单，再交由美国空军能力发展委员会最终选出新的"先锋"项目。

## 二、"先锋"计划项目的基本情况和影响分析

目前开展的四个"先锋"项目在作战、采办等方面具有重要影响,其基本情况和主要影响如下:

### (一)"天空博格人"

**1. 基本情况**

"天空博格人"项目旨在将自主系统与模块化、低成本无人机平台相结合,使无人机能够快速更新、自主执行复杂的作战任务,以及与有人机协同工作(图1)。"天空博格人"还将探索有别于传统的采办方式,使空军尽可能减少对主供应商的依赖。为此,美国空军采用系统设计代理的方式,构建一个完全开放的竞争环境。"天空博格人"项目已确定系统设计代理为

图1 "天空博格人"项目旨在使无人机能够快速迭代、
自主执行复杂作战任务以及与有人机协同作战

莱多斯公司，其负责自主系统开发。未来，由莱多斯公司整合的自主系统将装载在各家供应商的低成本无人机中，执行作战任务。

2021年4月、6月和10月，美国空军研究实验室已开展3次"天空博格人"项目的无人机试飞，展示了自主核心系统的能力，包括导航指挥响应、地理栅栏反应等。克拉托斯公司的UTAP-22无人机、通用原子公司的MQ-20"复仇者"无人机均参与了试飞。

美国空军2022财年为"天空博格人"申请了5860万美元，主要工作集中在"天空博格人"自主核心系统的进一步完善。"天空博格人"相关系统原计划在2023年达到里程碑B（项目进入工程研制阶段），但由于预算原因，计划可能推迟。

**2. 影响分析**

（1）增强有人战斗机作战态势感知以及任务处理能力。美军大力发展低成本可消耗"天空博格人"系统，可将其作为有人战斗机的无人僚机加入战场，充当武器、目标指示、情监侦等多种功能单元，实现有人机的力量倍增。在作战中，无人僚机将利用复杂算法和先进传感器侦测潜在空中和地面威胁，确定威胁程度，并确定选择打击或规避的合适对策，从而大大增强有人战斗机作战态势感知以及任务处理能力。

（2）探索全新的采办方式，增强美国空军的话语权的同时，降低了业界参与门槛。竞争贯穿整个项目的全寿命周期保证了美国军方拥有相关技术数据，而不是像以往一样大部分技术数据掌握在中标的供应商手中。这样避免了美国空军与中标供应商花费大量时间与精力争夺技术数据的使用权，更好地保障了相关的技术创新。"天空博格人"项目采用模块化设计、开放式架构，让参研的军工企业能够聚焦于部分而非整体，可显著降低业界参与项目的门槛，使关键任务系统在获取、部署和维护等方面获得持续软硬件更新支持，形成先进作战能力。

## （二）"导航技术卫星"-3

### 1. 基本情况

"导航技术卫星"-3是美国空军研究实验室将开发的试验卫星，整合了多个技术组件以提供能够改变游戏规则的新功能，将在太空中对在轨数字信号可编程性和固态放大器等核心技术进行验证（图2）。1974年和1977年的"导航技术卫星"-1和"导航技术卫星"-2成功测试了距离变化率导航、12小时轨道等技术与概念，随即在几年后的第一代GPS卫星上应用。一旦"导航技术卫星"-3试验成功，其搭载的多种技术也势必迅速投入到新一代GPS卫星中。

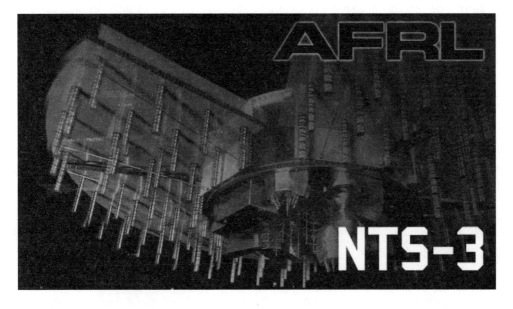

图2 "导航技术卫星"-3将在太空中对多项核心技术进行验证

目前，美国空军"导航技术卫星"-3项目的主要系统集成商已确定为L3哈里斯技术公司，并且该项目已于2020年6月通过关键设计审查，"全球导航卫星系统测试架构"等组件也实现交付。

美国空军计划2023年在卡纳维拉尔角将"导航技术卫星"-3发射到地球同步轨道进行试验验证。验证结束后，预计卫星将用于其他军方机构的试验工作。

**2. 影响分析**

（1）提升GPS抗干扰能力。军事行动的成功很大程度上取决于能够保证有效的定位、导航和授时能力，美军认为随着对手先进的电子干扰技术发展，GPS服务面临着巨大的隐患，无法充分发挥其定位、导航和授时能力。美"导航技术卫星"-3的研发在一定程度上提高了GPS抗干扰能力，从而维持其军事优势。"导航技术卫星"-3携带的新型数字信号发射器可以使其在轨进行重新编程，从而能够广播新信号。通过避免和消除干扰并提高信号性能，使美军下一代卫星导航技术更灵活、更健壮。

（2）加快新技术在第三代GPS卫星上的应用。结合"导航技术卫星"-1和"导航技术卫星"-2技术应用的先例以及第三代GPS卫星正式开始部署的大背景，可以推断，"导航技术卫星"-3项目将极大地加快电子控制相控阵天线、软件定义的GPS接收机等众多新技术在第三代GPS卫星上的应用。

**（三）"金帐汗国"**

**1. 基本情况**

"金帐汗国"旨在使GBU-39"小直径炸弹Ⅰ"（SDB Ⅰ）、AGM-158"联合空对地防区外导弹"（图3）、ADM-160"微型空射诱饵"（MALD）等现有武器在发射后能协同规划下一步的打击行动，实现机载武器自主发射脱离、自主规划航迹、自主攻击目标，并向载机和其他载荷提供信息反馈和实施协同交战，有助于空中平台在投放多枚弹药后实现更理想的作战效果,或是向指挥控制节点提供更详尽的情报数据。

图 3　针对防区外高价值目标的 AGM–158 "联合空对地防区外导弹"

2020 年 12 月、2021 年 2 月和 5 月,"金帐汗国"项目分别进行了第一阶段的三次飞行演示试验。在第二次和第三次试验中,多枚合作式小直径炸弹(CSDB)同时发射,并建立起彼此间的通信链接,使用同步打击目标算法同时击中多个目标。

美国空军目前已取消下一阶段合作式微型空射诱饵弹(CMALD)飞行试验以及 CSDB 与 CMALD 集成飞行演示试验计划,转而在"斗兽场"中进行下一阶段的研发工作。"斗兽场"将创建一个把多种武器的数字孪生体完全集成的虚拟环境,以在该环境中更快测试、演示验证和实施改进,同时应用数字工程、硬件在回路仿真和模拟器技术等,加速美国空军武器向合作式自主组网技术转型,为未来作战提供支持。

**2. 影响分析**

(1) 增强杀伤能力。"金帐汗国"项目可以显著推进精确制导弹药联网技术的发展,最终实现机载精确制导武器自主规划任务、自主规划航迹、自主攻击目标。美国空军武器项目执行办公室主任安东尼·格纳丹曾举例称,在发射四枚"小直径炸弹"后,前两枚摧毁了目标 A 后,会将打击效果评估向其余两枚"小直径炸弹"反馈,另外两枚"小直径炸弹"则可以实时调整路径转向攻击其他目标。因此,"金帐汗国"项目可以通过打击效果评估和信息反馈等手段高效地组织分配武器弹药对军事目标进行定点清除,显著提升杀伤能力。

(2) 形成多手段突击效果。通过多种不同类型的精确制导武器,"金帐汗国"可以提供更加灵活的多手段突击效果。例如,主攻电子对抗的 ADM-160"微型空射诱饵"可以多个假目标使敌方监控雷达达到饱和,有效破坏敌方防空火力。针对防区外高价值目标的 AGM-158"联合空对地防区外导弹"射程大,具有隐身能力。"小直径炸弹"采用多模导引头,体积小、重量轻,能够在每一架次飞行中攻击多种和多个面目标。通过 3 种不同精确制导武器的多样组合,可以多层次地突破敌方防御系统,给予极大威胁。

**(四)"火箭货运"**

**1. 基本情况**

"火箭货运"项目将寻求利用大型、可重复使用的商业火箭,在 1 小时内将 100 吨货物运至全球任意地点(图4)。项目重点是使火箭能够具备快速装卸、适应多种降落环境、可空投货物等特性。"火箭货运"项目由美国空军和美国太空军合作共同开展研究,同时也是美国太空军的首个"先锋"计划项目。

# 重要专题分析

图 4　"火箭货运"项目概念图

美国空军 2022 财年为"火箭货运"项目申请 4790 万美元经费,较 2021 财年的 970 万美元大幅增加。项目经费将用于演示初始单程运输能力,使用商业火箭向条件简易的地点进行运输,以验证这一概念的可行性,计划在 2022 财年进行招标并授出合同。

## 2. 影响分析

"火箭货运"项目将极大增强美军全球机动能力和后勤保障能力。美军的全球作战战略对其全球机动能力和后勤保障能力提出了极高的要求。近年来,美国为应对潜在的大国竞争,全球作战需求进一步提高。"火箭货运"可作为美军在海运、空运、陆运之外的新型物资运输方式,并具备良好综合运输能力。以当前美军最大的 C-5 运输机为例,其负载能力约为 127 吨,最大速度为 917 千米/小时,最大航程约为 4440 千米。"火箭货运"的负载能力接近 C-5 运输机,速度和航程则高于 C-5 运输机。

## 三、几点看法

经过研究归纳,"先锋"计划的主要影响如下:

### (一) 加速推动美国空军战略转型

在 2019 年发布《战略》并识别出五大战略能力以来,美国空军展示了较强的执行力,已经连续推出了四个"先锋"计划项目,并且进展较为迅速且针对性强。例如,在第三代 GPS 卫星大规模部署的前夕,其采用的相关技术将在"导航技术卫星"-3 项目中得到演示验证,为技术的改进与发展提供了重要支撑,无疑进一步加强了美军的全球持久感知战略能力。同时,每年的"战争技术"峰会持续为"先锋"计划确立新的项目,这将进一步加速推动美国空军战略转型。

### (二) 保障重点技术的技术转化

经过筛选的"先锋"计划项目将会得到美国空军层面的支持,拥有极高的发展优先级,并且美国空军研究实验室以及各项目对应的项目执行办公室的跨机构管理合作,将大力保障其越过技术转化(从 6.3 转化到 6.4)的"死亡之谷"。例如,在"天空博格人"项目中,美国空军研究实验室授予莱多斯公司自主核心系统的研发合同,为项目提供科技部分的支持。而项目执行办公室则是授予通用原子、克拉托斯公司搭载自主核心系统的无人机开发和试验的合同,积极推动成果的试验与转化,将项目往工程与制造发展阶段推进。

(中国航空工业发展研究中心  李沅栩)

# 美国空军发布《数字建造法典》推进数字采办

2021年5月,美国空军采办、技术与后勤执行助理部长科斯特洛签发首版《数字建造法典》备忘录,为美国空军向数字采办转型树立实践规则,并指导采办执行官评判项目是否属于"e项目"。2021年7月,科斯特洛表示空军必须寻找更快的方法应对潜在威胁,数字采办"脚步不会停下"。这些情况表明,美国空军正在制度层面发力,持续加速推动数字采办。

## 一、背景概念

美国空军于2019年7月发布《数字空军白皮书》,提出以数字、敏捷的方式变革采办流程;2020年9月发布《数字采办指南》,明确将在采办中全面推行采用数字工程、敏捷软件开发、开放式系统架构的"数字三位一体"策略,并分别将"陆基战略威慑"(GBSD)陆基洲际弹道导弹和"下一代空中主宰"(NGAD)项目定为"e项目"和"e系列项目",以新式称谓凸显转型理念并引导认知,开启数字采办进程。据此,美国空军将采办项目分为以下三类:

一是常规项目。采用传统策略、使用现有工具和流程来部署和交付作战能力的采办项目，一个项目在采办执行官命名为"e项目"前都默认成常规项目。

二是e项目。采用"数字三位一体"的数字采办项目，在数字世界中以基于权威真相源的虚拟或自动流程替代现实世界中的活动，使其自动完成或缩短其周期。"陆基战略威慑"和F-15EX战斗机项目被定为e项目，而A-10攻击机机翼替换和B-52轰炸机换发这两个常规项目则在执行中采用e项目模式。

三是e系列项目。预先计划了换代进度表策略的e项目，换代周期由经济的总拥有成本和服役寿命共同确定，从而确保快速跟上技术成熟的步伐，让美国空军总能先于威胁变化敏捷交付作战能力。"下一代空中主宰"和T-7A"红鹰"高教机项目是e系列项目，其采办方式可能是每隔几年采办一批功能性能大幅跃升的换代装备，每批装备只服役十几年。

## 二、数字建造法典主要内容

《数字建造法典》详细阐释了"数字三位一体"，给出了e项目评判准则。

### （一）数字工程

一是要开发系统的数字模型。使用系统建模语言（SysML）或等效建模语言构建并维护系统模型，用适当标签将所有必要元素封装在模型中，清晰地关联需求与技术评审、试验、认证等验证活动，以便追踪需求分析、系统架构设计、分配、接口等内容，系统模型应具备在模拟环境下预测作战性能并量化模型不确定性的能力。二是要建立数字线索和数字孪生。使用定义了系统设计和维持所需关键要素（包括数据及其逻辑模式、集成、转换、存储和工作流等）和要求（包括命名约定、数据类型/格式、完整性、安保性、归档/保存、与相关元数据的关联等）的数据架构，建立并管理连接模型和数字制品的数字线索，创建权威真相源，在寿命周期更新数字制品以维护系统的数字孪生。三是要利用集成数字环境（IDE）。该环境是用于跨职能领域协作、分析和可视化的模型、数据和工具汇编，理想的 IDE 使用"一号云""一号平台""一号数据"等开发平台、架构建模软件、产品寿命周期管理平台、作战分析环境以及需求管理软件，制定 IDE 策略要指定优选数字工具、考虑工具可访问性和安保性，并且列出对工具集成、数据互操作性等内外部协作的影响。四是要以定制的数字化策略与工业部门订立合同。推荐使用基于模型的合同语言模板，明确合同订立中应考虑的关键数字化特征。五是要提升空军人员的就绪水平。各项目可指派首席工程师或替代人员担任数字工程联络人，负责一般培训、专业课程和技能认证。六是要实施数字采办流程。所有采办计划（如能力开发文件、系统工程计划、寿命周期持续保障计划、试验鉴定主计划）、项目和技术评审（如里程碑评审、系统工程技术评审）、需求追踪与确认、项目技术性能度量规划与追溯（如可靠性、维修性、保障性）、以及试验和认证流程（如适航性、安全性）都将尽可能地转向基于模型或数字制品，任何不追求数字工程原则的项目应获得里程碑决策机构的批准。七是要跟踪数字成熟度指标。方便项目执行官定位和管理项目或组织的数字转型。

**（二）敏捷软件开发**

一是要实施"开发、安全和运维一体化"（DevSecOps）软件开发方法。在所有非商业软件开发中采用敏捷 DevSecOps 方法取代瀑布式开发，同时项目管理也应贯彻敏捷原则，与工业部门共同执行空军首席软件官签发的

"国防部组织 DevSecOps 参考设计"要求，形成安全有效的软件工厂。二是要采用空军提供的公共服务和工具标准。所有软件工厂应利用"一号平台"这个通用 DevSecOps 平台，停止构建新的或竞争性的组织级持续集成/持续交付（CI/CD）软件流水线以及开发平台，软件密集型项目和所有重大国防采办项目需要在本地部署"一号平台"以实现硬件在环测试，利用"一号同步"作为所有代码的中央仓库以实现代码重用。三是要配备专人并实施培训。项目应指派一名首席软件工程师以集中协调、共享经验教训和跨项目协作，并作为项目办和空军首席软件官之间的沟通桥梁，项目应与空军首席信息官合作以持续利用空军数字大学和首席软件官提供的培训内容。四是要跟踪软件工厂和敏捷团队的绩效。项目应收集部署频率、平均变更提前时间、平均恢复时间、变更失败率及其他绩效数据，尽量报告给"一号平台"DevSecOps 研究与评估指标团队。

### （三）开放式系统架构

一是要实施开放式系统架构（OSA）策略。项目应尽量以模块化 OSA 来设计和开发，在所有适当接口上利用基于共识的标准，并采用一个让主要系统组件和模块化系统可在寿命周期增量式添加、删除或替代的系统架构，每个项目应将其架构的数字模型发布到由首席架构师管理的、基于云的通用架构环境中；合同应包括促进 OSA 及许可知识产权的相关条款，确保一开始就以数字化方式生成技术基线文件，采用"灵巧知识产权"方法以允许政府使用和发布技术基线文件并披露给产品保障承包商，确保 OSA 与能力开发文件、系统工程计划、寿命周期持续保障计划相关联；当架构需求来自空军战略层面时，项目经理可能需要与空军首席架构师、参谋部以及相关司令部共同调整采办项目基线，首席架构师将主持架构评审委员会，使每个项目执行官/技术执行官项目包架构师与参谋部和司令部共同促进架构的集成。二是要利用开放性标准。项目应尽量使用商业开放性标准，以充分利用商业创新的速度、规模、投资和能力，否则项目应利用政府参考架构开放性标准（如开放式任务系统、开放式通信子系统、通用指控接口、通用武器接口、DevSecOps 参考设计），以确保互操作性以及系统集成和升级的便捷性。三是要指派和授权系统架构师并提供资源。项目应明确管理开放式架构实施的人员职责并可指派系统架构师，项目执行官/技术执行官应考虑指派项目包架构师负责指导跨项目的开放式架构实施，空军首席架构师办公室应与国防采办大学、空军技术学院以及开放式架构管理办公室合作提供培训。四是要跟踪和报告架构实施进展。空军首席架构师与项目包架构师将开发数字化工具链以减轻指标跟踪工作量，鼓励项目执行官/技术执行官给空军首席架构师推荐额外的评估指标。

**（四）e 项目评判准则**

一是数字工程准则。关注基础设施、建模与分析、流程与政策、人员与文化等方面。二是敏捷软件开发准则。关注 DevSecOps 开发方法、软件和基础设施架构、基础设施和工具平台、评估指标等方面。三是开放式架构准则。关注开放性、技术基线文件、即插即用和快速集成等方面。四是寿命周期准则。关注数字线索集成、"数字三位一体"实施效果等方面。

## 三、几点看法

一是美国空军正在为数字采办建章立制。该法典是空军一系列数字采办政策和指南以及策略和流程的汇编，也反映了空军"数字战役"的阶段成果，还将根据项目实践不断更新。法典签发当月，空军在向国会的报告中强调了实施"数字三位一体"的坚决态度，9 月 3 日，空军向 55 家企业授出了总额上限 460 亿美元的相关研究与发展合同，预计今后美国空军采办中"e 项目"将成为主流。

二是美国空军为实施数字工程提供了丰富指南。该法典多处提到通过"空军数字指南"了解细节，包括系统模型构建和维护指导、集成建模环境实施指导、数字工程合同语言模板、数字采办流程实施指导、数字成熟度指标以及各类工具和方法的培训信息。这些共享的知识或将融入美国国防部组织编制的"数字工程知识体"最佳实践手册，极大促进采办数字工程实践。

三是美国空军在推进敏捷软件开发方面措施激进。该法典强调所有项目统一利用"一号平台"，通过 DevSecOps 方法实施敏捷软件开发，并共享软件代码。这种防止重复建设、提升开发效率的硅谷模式在美国空军内部和国防承包商推进的阻力很大，导致空军首席软件官在 9 月 2 日愤然宣布辞职，给该工作带来不确定性，如何以成熟的商业技术打破官僚的采办机制成为一大挑战。

（中国航空工业发展研究中心　刘亚威）

# 美国空军常态化推进数字工程转型

为寻求快速应对动态变化的作战需求,简化装备的寿命周期流程,降低全寿命成本,美国空军在 F-35 项目广泛实施数字化设计制造取得良好成效的基础上,自 2008 年起一直在探索和实践数字工程方法,并在《国防部数字工程战略》发布后加快推进数字工程实施。2021 年,美国空军积极应对数字工程推进挑战,通过牵头攻关、发布指南、设立专项办公室等举措,从制度、组织等方面持续发力,正在将数字工程转型作为长期目标,开展常态化部署推进。

## 一、主要推进举措

### (一)积极承担转型任务,全力攻关消除痛点

《国防部数字工程战略》发布后,国防部数字工程工作组迅速组织各界力量开展共性问题研究,但仍面临诸多挑战:一是模型的开发、集成和使用不规范,模型未面向跨领域、跨采办阶段和跨项目集成而开发,相关策划、组织和管理规范未统一,且模型的置信度不高;二是权威真相源构建

困难，海量数据以多种形式散布在多个烟囱式的系统和组织中，缺乏对数据源进行系统管理的数据治理体系，未建立数字化交付观念；三是技术创新滞后，由于缺乏端到端的技术解决方案，使得数字工程活动在装备生命周期中无法连续实施，工程实践创新缓慢；四是基础条件和环境建设不充分、不统一，知识产权和关键技术保护机制不足，数据安全性风险高，现有设施难以支持基于模型的复杂工程仿真计算活动，工具的跨平台移植性低；五是文化和人员转型艰难，人员技能培训跟不上，缺乏主动提升技能的激励措施，培训力量和资源不充足，政策、指南和标准也无法全面支撑装备数字工程活动的开展。

2021年4月，美国国防部将数字工程工作组改组为6支专项"虎团队"，集中解决数字工程实施规划、生态系统建设、数据治理、赛博安全保护、知识体系梳理以及试验鉴定自动化等方面的痛点。其中，由美国空军负责领导"数据团队"和"赛博安全团队"，重点针对权威真相源构建挑战和数据安全性问题，旨在推动解决国防部整个组织层面的数据管理空白，确保权威数据和模型广泛可用或可访问，更好地支撑设计评审等活动；同时开发数据、网络和托管环境的赛博安全保护措施，并且管理访问控制、静态数据、溢出控制和数据外泄应对。此外，美国空军还将支持由国防部领导的"数字工程知识体团队"，与军方、工业界和学术界专家共同编写《数字工程知识体》读物，收集已有的指南、流程和最佳实践，为准备实施数字工程的组织提供信息，使各方对该读物的受众、内容范围、术语体系建立统一和共同的理解，如模型的分类、数字孪生的概念等。

**（二）密集发布转型指南，系统指导实践**

2018年6月《国防部数字工程战略》发布当月，美国空军就明确了实施计划、推进挑战和关键指标；2018年11月，美国空军发布《工程组织路线图（2018—2022）》，提出构建数字工程环境，将自身建成一个以模型和数据谋事做事的"数字化组织"。2019年7月，美国空军发布《数字空军白皮书》，提出以数字工程等方法转变空军的运行方式。2020年9月和2021年1月，陆续发布《数字采办指南》和《数字工程指南》，进一步明确将在装备采办中全面推行数字工程方法。2021年5月，美国空军采办、技术与后勤执行助理部长科斯特洛签发首版《数字建造法典》备忘录，为美国空军向数字采办转型树立实践规则，并指导采办执行官评判项目是否属于"e项目"。2021年7月，科斯特洛表示空军必须寻找更快的方法应对威胁，数字采办"脚步不会停下"。

《数字建造法典》详细阐释了"e项目"的评判准则，并针对数字工程给出了7条准则：一是要开发系统的数字模型，使用系统建模语言或等效建模语言构建并维护系统模型，使模型清晰地关联需求与技术评审、试验、认证等验证活动，以便追踪需求分析、系统架构设计、分配、接口等内容，并具备在模拟环境下预测作战性能并量化模型不确定性的能力；二是要建立数字线索和数字孪生，使用定义了系统设计和维持所需关键要素和要求的数据架构，建立并管理连接模型和数字制品的数字线索，创建权威真相源，在寿命周期更新数字制品以维护系统的数字孪生；三是要利用集成数字环境，该环境是用于跨职能领域协作、分析和可视化的模型、数据和工具汇编，通过使用"一号云""一号平台""一号数据"等开发平台、架构建模软件、产品寿命周期管理平台、作战分析环境以及需求管理软件，制定IDE策略要指定优选数字工具、考虑工具可访问性和安保性，并且列出对工具集成、数据互操作性等内外部协作的影响；四是要以定制的数字化策略与工业部门订立合同，使用基于模型的合同语言模板，明确合同订立中应考虑的关键数字化特征；五是要提升空军人员的就绪水平，各项目可指派首席工程师或替代人员担任数字工程联络人，负责一般培训、专业课程和技能认证；六是要实施数字采办流程，所有采办计划、项目和技术评审、需求追踪与确认、项目技术性能度量规划与追溯，以及试验和认证流程都将尽可能地转向基于模型或数字制品；七是要跟踪数字成熟度指标，方便项目执行官定位和管理项目或组织的数字转型程度。

**（三）设立专门机构组织，专项保障转型**

为落实《国防部数字工程战略》，空军装备司令部建立了数字工程执行委员会，指导空军组织内的转型工作。2019年9月，该委员会成立数字工程组织办公室，具体领导推进数字工程相关工作，包括建立实施数字工程的制度、设立数字工程卓越中心、扩建高速网络以与其他军种和国防部机构协同处理数字工程解决方案等。2021年6月，美国空军装备司令部宣布设立常设的数字转型办公室，专门负责推进空军和太空军向以数字工程为核心的数字组织转型。这表明美国空军已经将数字工程作为长期推进的关键战略任务，正在常态化推进数字工程转型。美国空军是最早提出数字线索和数字孪生等数字工程概念、并在装备采办中推广应用的组织，成立常设机构专门推进数字工程实施，表明其将数字工程视为需长期推进的重要工作。

## 二、已取得的应用成效

目前，美国空军正在建立基于数字工程的论证、研制、生产及保障流程，并已经取得了较显著的效果。

**（一）支撑新研装备方案设计论证**

美国空军新研装备在方案论证中均已采用基于物理特性模型的流程，

从几千、几万甚至百万量级的方案中择优，实现了"万里挑一"。例如，在下一代运输机 C – X 的探索性论证中，通过连接物理特性模型与交战模型，将装备性能、效能和成本数据融合到了一个设计权衡空间中，基于 3 种任务场景共生成了包含 3 种构型方案的 7500 个概念设计方案，经权衡分析及探索优化，得出了充分定义且可追溯的 9 个候选设计，有力支撑了该装备的备选方案分析工作。

### （二）加速在研装备工程研制进程

美国空军在研装备通过建立数字模型实施设计快速分析、试错和迭代，提高了质量，加快了研制进程。例如，在 T – 7A 教练机研制中依托数字工程方法流程，使得不到 200 人的设计、制造和试验团队仅用 36 个月就实现了从全新设计到验证机首飞，并将首批验证机的工程质量提高 75%，装配工时减少 80%，软件开发和验证时间缩短 50%。又如，针对风洞气动/载荷试验，开发了通过试验设计设置最少数据点的试验规划方法，利用 F – 22 的实际数据，验证了试验周期缩短 60%。

### （三）提升在产装备生产质量效率

美国空军部分在产装备已经开始将数字工程方法用于生产现场管理和质量管理决策，大幅提升了效率。例如，洛克希德·马丁公司在 F – 35 总装线部署了基于工业互联网的数字孪生管控平台，可以在三维空间中实时定位并管理关键部件与工装设备，防止错误调度并确保生产安全；针对 F – 35 战斗机进气道制孔缺陷处理，诺斯罗普·格鲁曼公司通过数字孪生工具优化工程分析流程，将处理缺陷的决策周期缩短了 33%，并通过设计或工艺更改降低了缺陷频率。

### （四）推动在役装备精准维修保障

美国空军为部分在役的老旧装备建立数字孪生模型，推进基于数字工程的维修保障，降低寿命周期成本。例如，空军正在为一架1985年服役的B-1B轰炸机创建机体数字孪生模型，以实时诊断飞机结构健康状况，支撑该型机服役到2040年。通用电气/洛克希德·马丁公司团队及诺斯罗普·格鲁曼公司分别开发了基于数字孪生的机体结构完整性预测工具，利用F-15机翼的工程数据，验证了比定期检测更好的维修决策。

## 三、几点认识

一是建设数字生态系统需要打通数字链路。美国各军种在各自实施基于仿真的采办、基于模型的系统工程以及数字工程转型的前期实践过程中，开发了大量的建模仿真和数据分析工具，建设了许多孤立的平台环境，采办生命周期中存在着海量无法连接和集成的模型、无法融合和共享的数据。美国国防部通过10多年的时间，构建统一的高性能计算分析平台和高保真仿真系统，打通了一些采办环节上的数字链路，但是距离全面推倒烟囱、实现所谓的大一统生态还任重道远。

二是数字转型需要坚定推进传统流程变革。美国各军种在长期的采办实践中已经形成了十分牢固的基于文档的流程，以及围绕该流程建立的各类规章，基于模型的系统工程流程尚未在各军种采办中全面贯彻，并且还存在大量没有三维模型的老旧武器系统。在这样的情况下，国防部推进权威真相源建设以及模型支撑、数据驱动的工程活动，需要强大的魄力和灵活的政策，而合同订立、技术评审、试验鉴定、转段决策等诸多管理环节的流程变更需要坚定的决心和时间的打磨。

三是文化和人员是支撑数字转型的关键因素。美国各军种都已经推出了各自的数字工程推进计划乃至数字组织的转型愿景，空军还启动了"数字战役"来彰显集体意志。不过,即便数字孪生概念已经提出 10 多年,国防部数字工程课程也开设若干年的情况下,许多采办经理仍然对模型缺乏深刻的认识,没有充分认识到模型的价值,也不清楚如何对标已有的数字工程实践。因此,文化和人员的转型比推倒烟囱和更改流程更艰难,领导层的长期支持和集体推动将是关键。

(中国航空工业发展研究中心　刘亚威　阴鹏艳)

# 美国国防部持续推进增材制造发展应用

增材制造作为能够颠覆研制、生产和保障模式的制造技术，受到了美国国防部的长期重视。2021年，美国国防部先后发布《增材制造战略》和5000.93指示《增材制造在国防部的使用》（以下简称"5000.93指示"），标志着国防部对增材制造的规划布局已经从技术与标准探索阶段、形成战略共识阶段进入到政策落实与执行阶段，将有力推进增材制造在装备研制、保障、战备中的协同发展、安全应用和稳定供应，支撑应急能力采办和中间层采办等程序的快速应用与部署需求，以及以数据、模型为驱动的数字工程转型目标。

## 一、推出增材制造战略规划，总体谋篇布局

2021年1月下旬，美国国防部研究与工程副部长办公室下属的国防制造技术项目办公室发布了《增材制造战略》（以下简称《战略》），这是美国国防部发布的首份增材制造相关战略。该战略由美国国防部机构和美军各军种合作制定，阐述了增材制造技术对国防的重要意义，提出了五项战

略目标，并针对支撑各目标的相关发展领域进行了详细布局，对美军推进增材制造发展及应用形成了战略指导。

### （一）战略愿景

《战略》将增材制造视为推动国防战略改革的重要力量，并突出了巩固基础、加速创新和战胜对手的愿景。《战略》对应了2018年《国防战略》中"建设一支更具杀伤力的部队""利用快速、迭代的开发方法减少成本和采办风险，并加快技术淘汰""强韧、敏捷的后勤保障"等改革目标，重点是针对国防系统创新和现代化、提升装备完好率以及作战人员战备水平，为国防部、各军种及国防机构规范化推广应用增材制造提供一套共同的指导原则和框架。

### （二）战略目标与关键领域

在《战略》中，美国国防部提出了发展应用增材制造的5项战略目标，以及支撑实现各战略目标的17个关键发展领域，从政策制度、业务流程、手段工具、人力发展、数据安全等方面形成了系统布局。一是要将增材制造集成到国防部和国防工业基础中，通过制定政策、指南和实施计划，整合和促进增材制造在整个国防部和工业供应链中的应用；二是要协调国防部和外部合作伙伴的增材制造活动，通过与其他政府合作伙伴、工业界、学术界合作，调整增材制造相关领导机构、资源、指南和工作流程，减少推行增材制造的障碍；三是要推动和促进增材制造的敏捷应用，通过修改增材制造技术和业务流程相关规定，增强对增材制造的科学理解，推动增材制造设备、材料和技术的融合发展；四是要通过学习、实践和共享知识提升增材制造熟练程度，充分教育和培训从事增材制造相关工作的技术和业务人员，解决技能差距，建立业内共识的培养计划和制造规范；五是要加强增材制造工作流程的安全性，通过构建数字线索、整合增材制造工作流程、控制增材制造权威数字化数据的访问权限等途径，保障整个增材制造工作流程的网络安全。

通过落实《战略》，增材制造将加速由研发向现代化和持续保障支撑能力转化，被国防部和国防工业界广泛接受，推动创新设计，提高武器系统的杀伤力和可靠性，支撑建立更敏捷、适应性更强、更一致的国防供应基础。

## 二、制定增材制造指示政策，力促举措落地

2021年6月，美国国防部研究与工程副部长办公室发布国防部5000.93指示。该指示是美国国防部于2021年1月发布《增材制造战略》之后出台的首份相关顶层政策，为增材制造在国防部的实施和应用制定政策、明确责任并细化程序。

### （一）主要程序和目标

围绕增材制造推广应用中涉及的采办、研究与工程、供应链、数据管理、数据与设备安全、规格与标准、培训与教育以及合作等主要流程与要素，5000.93指示制定了相应的程序与指南，系统地指导各相关责任部门领导推进面向增材制造的设计、合同要求、数据管理框架、材料与工艺研究、质量鉴定与认证、增材制造供应链集成、跨域模型交换、网络风险评估、标准制定、知识体系构建等工作。通过5000.93指示，国防部旨在推进增材制造的应用来支持联合部队司令官和作战指挥官战区需求、变革维修模式和供应链、增强后勤弹性、提升各军种的自主保障和战备能力；应用增材制造提升国防工业基础，提高武器系统的作战及持续保障能力；确保增材制造计划、项目和需求具备充分的资源；开展教育、培训及认证国防部增

材制造人才队伍;确保国防部网络-物理基础设施和流程的安全性,支持增材制造在武器系统寿命周期中的使用;开发并使用有益于武器系统作战或保障能力的增材制造技术;通过增材制造社区开展合作并分享最佳实践;保护国防部在增材制造技术开发方面的投资,避免技术外泄等。

### (二) 国防部内部主要分工

针对以上主要事项与目标,5000.93 指示明确了国防部研究与工程副部长、国防部首席信息官、国防部采办与保障副部长、国防后勤局以及参联会主席等各增材制造需求方或程序实施攸关方的职责。其中,由国防部研究与工程副部长总体负责国防部增材制造应用政策的维护、具体工作协调与监管,确保在武器系统采办的设计和工程阶段充分考虑增材制造能力,并将增材制造纳入数字工程相关政策和指南;国防部采办与保障副部长牵头负责整个采办与保障组织体的增材制造协作工作,评估国内增材制造设备和材料的工业制造能力,打造弹性增材制造供应链;国防后勤局局长负责确保供应商生成的增材制造数据由国防后勤局提供给适当的国防部下属组织,开发、维护和管理联合增材制造模型交换系统门户,并牵头制定通用数据要求和验收标准相关流程和指南。

## 三、前期规划与成效

美国国防部于 2012 年牵头成立了首个国家增材制造创新机构"美国造",通过集合全美学术界、工业界、政府机构等组织的力量,针对国防安全需求,在面向增材制造的设计、工艺优化、材料性能、价值链推进、材料基因组五个技术领域设立了上百个研究项目,同时还支持了众多成果共享的开源项目,促进将成果转化到武器装备研制和生产中,确保美国在该领域的全球领先地位。2015年10月,该机构发布《增材制造技术路线图》;2016年11月,国防部联合该机构发布了《国防部增材制造路线图》;2017年2月和2018年4月,该机构联合美国国家标准协会发布了《增材制造标准化路线图》及更新版本。这些工作为国防部在增材制造领域实施合作与协调投资建立了基础框架,有效推进了工程创新和应用。

近年来,美国工业界已发展适应多种材料、多类工况的增材制造工艺,在飞机/发动机零部件等领域中的应用逐渐增加,先进增材制造设备快速发展并大型化,各军种及波音、洛克希德·马丁等国防制造商都投资或参与了多项增材制造研究。例如,C-5"银河"运输机航电设备冷却管系列零件已获批增材制造生产,支撑该机的维护与战备计划;美军还计划5年内批量采购3D打印机,以使用分布式增材制造来维护飞机机队,缩短国防供应链周期。接下来,国防部、各军种和各机构将通过制定详细的实施计划,执行试点项目,合作完善标准体系,建立增材制造数字工程和数字制造环境,持续推进规范化建设与转型。

## 四、几点认识

美国国防部将增材制造上升至战略层面进行规划布局,表明其已高度认可该技术的巨大潜力,并已将其视为支持美国军事优势的一项战略技术。从其战略规划和指示政策内容看,主要不是针对增材制造技术自身各技术路线和应用场景的规划,而是针对增材制造的推广应用及最大化发挥其价值,从规划计划、采办改革、认证鉴定、风险管控、开发应用环境等方面布局,为稳步推广和深化技术发展应用提供基础,将加速增材制造普适化应用。

## （一）通用数据框架与标准规范是增材制造向供应链集成的关键

美国国防部强调由国防部研究与工程副部长牵头与各军事部门和国防后勤局共同定义一个通用的国防部增材制造数据框架，并推动建立一致的增材制造鉴定、认证和风险管理方法。此外，国防后勤局将基于数据框架开发联合增材制造模型交换（JAMMEX）系统，使国防部各实体安全地访问和共享经批准的增材制造数据集和其他安全、可互操作的数据。可互操作的数据管理能力将有助于国防部实体使用通用数据管理最佳实践方法和构型控制，根据需要安全地访问和共享、购买或许可使用增材制造数据，支持打造能力强大且具有弹性的增材制造供应链。

## （二）国防部各部局分工明确、协作共享，齐推增材制造使用

美国国防部明确了国防部使用和发展增材制造的各项职责，研究与工程、采办与保障、数据收集共享、信息安全等事项均有明确分配；协作机制方面，指示强调由国防部研究与工程副部长牵头组建增材制造联合工作组（JAMWG）作为国防部的联合增材制造论坛，并要求采办与保障副部长与国防后勤局、提出增材制造需求的各军事部门、国防部各直属局和国防部外勤机构相关负责人参与，以在国防部的联合监督下开展协作，分享最佳实践方法。国防部内相关部门各司其职同时协调配合，为联合推进增材制造的发展使用提供了有力保障。

## （三）基于数字技术的增材制造已成为数字工程转型的重要抓手

美国国防部要求将增材制造纳入数字工程政策和指南，使用与国防部数字工程战略和机构层数字工程实施计划一致的某种基于模型的工程制造工具集，并将相关数据输入权威数字数据库。不同于传统制造方法，增材制造是天生的由数据驱动模型进而驱动制造的数字制造手段，这一优势契合了国防部建立权威数据源并以数据模型驱动决策的数字工程转型战略，

更易融入数字采办流程中；反之，数字工程转型建立的工具和数字线索方法也能为增材制造的使用赋能。《战略》和 5000.93 指示顺应了国防部采办改革中对灵活、快捷采办的需求，并与数字工程战略联动实施，将持续加速增材制造向装备现代化治理中转化与集成，支撑建立更敏捷、适应性更强的国防工业基础。

（中国航空工业发展研究中心　阴鹏艳）

# 美国空军"黑旗"演习现状与特点分析

2021年7月13日至16日,美国空军第53联队在内华达试验与训练靶场举行了"黑旗21-2"演习,这是迄今为止最大规模的"黑旗"演习。"黑旗"演习面向高烈度、高威胁环境,聚焦实战化、规模化和一体化,开展作战试验和战术开发,从而发掘战斗机、轰炸机、情监侦飞机和保密装备的新能力,并对上述装备的协同作战进行探索。

## 一、基本情况

### (一)发展背景

自奥巴马政府以来,美国国防部官员曾在不同场合多次指出,潜在对手已着手建设并不断升级其复杂、分层的一体化防空体系,结合陆基中远程精确打击系统,形成"反介入/区域拒止"能力,对美军向战区投送力量和在战区内自由行动构成严峻挑战。美军现有作战概念和战术战法在拥有强大"反介入/区域拒止"能力的对手面前逐渐暴露出诸多不足,成为美军备战大国高端战争的制约因素。

在此背景下，美国空军每年 1 月在内利斯基地举行为期两周的武器与战术年度会议，由空战司令部牵头，由常驻该基地的空军作战中心主办，旨在作为讨论战术改进方案的论坛，提供聚焦未来一年的一套非装备解决方案。

在 2020 年 1 月举行的军种武器与战术年度会议上提出多项战术改进方案，后基于资源、能力等因素选取了其中的 15 项，分别在当年 8 月和 11 月组织实施了两次"大型兵力试验活动"，最终落实了其中的 12 项。美国空军认为，该活动打通了从提出和设计战术方案到开展作战试验的流程，有利于持续、快速并可靠地创新作战能力。为此，2020 年 12 月 15 日，美国空军空战司令部司令马克·凯利签署文件，正式将"大型兵力试验活动"升格并定名为"黑旗"演习。

### （二）主要内容

"黑旗"演习以在模拟的高威胁环境中进行大规模兵力运用、开展作战试验和战术开发为核心，属于美军新的"试验旗"演习体系。该体系除"黑旗"演习外，还包括"橙旗"和"翠旗"演习，前者于 2017 年 11 月首次举行，最初以技术和系统开发并提升成熟度为主，2020 年起将重点转向跨域杀伤网集成；后者于 2020 年 12 月首次举行，主要检验美军诸军兵种的装备平台进行高效、快速、安全的大容量通信共享的能力。

美国空军希望将"黑旗"演习打造成世界上首屈一指的大型战术综合试验活动，实现以下 4 项主要目标：一是通过深层次的一体化试验促进创新，发掘战斗机、轰炸机、情监侦飞机等装备的新能力和协同效应，给对手制造多重困境；二是满足美国空军指令和空军手册的试验要求；三是培养"像作战一样试验"的文化，并进一步强化"像作战一样训练"的文化；四是推进"联合全域作战行动"概念和 2018 年版《国防战略》的落实。

作为"黑旗"演习的前身，2020年8月在内利斯基地举行的首次"大型兵力试验活动"主要涉及多种战术、技术和操作规程的探索，包括：使用五代机为B-2A轰炸机提供防空压制；高级隐身突防；四代机和五代机协同防空压制；协同电子攻击等。此次活动耗资约140万美元，公布的参演机型有F-15E、F-22和F-35A战斗机、B-2A轰炸机、RQ-170无人机以及EA-18G电子战飞机。2020年11月举行的第二次"大型兵力试验活动"内容扩展至电子战飞机对敌方数据链进行电子攻击、进攻性制空作战中的搜索救援、对敌方无源探测系统的对抗和压制等，参演机型增加了EC-130H电子战飞机、HH-60G战斗搜救直升机、KC-46A加油机等，还首次试验了换装AN/APG-83有源相控阵雷达的F-16V战斗机。

2021年7月举行的"黑旗21-2"演习中，共使用30多架空军和海军飞机，涉及美军11个中队和11套不同武器系统，完成了3个重要目标：首先是进行大规模兵力争夺战搜救集成和结果管理，包括验证新的战斗搜救战术和测试管理搜救部队风险的非常规方法，提高其动态定位、隔离和/或恢复分散在高威胁环境中的多个隔离人员的能力；其次是测试新战术，将网络武器集成到破坏性压制敌军防空任务中；最后是测试各种电子攻击武器系统的组合，并确定它们在高烈度环境中的集成效能，这包括EC-130H"罗盘呼叫"电子战飞机、F-15"鹰被/主动告警生存力系统"（EPAWSS）和其他多个系统。

从所需资源总量、集成水平、飞机数量来看，"黑旗"与美军著名的"红旗"空战演习级别相当。"黑旗"演习的参与方不仅有美国空军，还包括美国陆军、海军和太空军等。试验对象不仅有装备，也有非装备解决方案。

### (三) 未来规划

根据"ACC 司令 21 号计划"文件，美国空军将每个季度在内华达试验与训练靶场举行一次"黑旗"演习。该靶场毗邻内利斯基地，是美国国防部重点建设的关键试验设施，可支持高级合成训练、先进战术开发等活动。为确保"黑旗"演习顺利举行，该靶场正着力解决各种监控、测量仪器在四代机、五代机联合运用时的兼容性问题。

负责组织"黑旗"演习的美国空军第 53 联队已明确其下属两个试验鉴定大队的职能分工，计划在更短时间内应用新的作战试验方法和手段。其中，驻内利斯基地的第 53 试验鉴定大队将负责战斗机、无人机和搜救机的试验管理活动；驻埃格林基地的第 753 试验鉴定大队将负责轰炸机的试验管理活动。

## 二、主要特点

### (一) 演习思路颠覆传统，突出严苛对抗环境中发现不足

近年来，美军提出试验鉴定不仅可以试出装备"能"做什么，还可以试出其"不能"做什么。这种思路的本质是在多域作战环境中识别影响任务完成的关键问题，从而在开展专项作战试验或装备部署之前，通过集中改进予以纠正。这种将装备置于复杂、严苛的对抗环境中"试不能"的思路，与"试能"的传统试验模式相反。

目前，美军正通过强化试验边界条件的探索，推进作战试验与研制试验的一体化，加强各类试验的相互融合等方式，将"试不能"的理念贯彻到试验鉴定的设计、实施和评估等各个环节中。随着这一创新理念在美军装备试验鉴定领域运用的逐步深化，美军的武器装备试验鉴定工作产生了

新的变化。"黑旗"演习实际上就是美国空军贯彻这一新理念的最新体现，其突出特点是"像作战一样进行试验"，即瞄准大国高端战争中的空战场，不断探索试错，尽可能发现和挖掘现有装备的各种任务能力，摸索形成可以达成某一战术目的的最佳装备和战术、技术与操作规程。

**（二）装备技术含量较高，突出大规模装备混编协同作战**

美国空军认为，大国高端战争的装备技术含量和环境复杂程度均有望达到新的高度，因此一方面需不断提升作战部队的战备水平，另一方面需不断强化武器装备的体系作战能力。

从"黑旗"演习计划文件及其前身"大型兵力试验活动"来看，美国空军已将其定位为大规模装备混编协同作战试验。除现役主力战斗机、轰炸机和电子战飞机外，计划后续逐步引入刚刚启动低速初始生产的 AN/ALQ-250 机载电子战系统、F-15EX 战斗机等新型装备，在其尚未列装部队前即同步开展研制试验和作战试验，从而在批量服役后快速形成战斗力。

**（三）参演人员经验丰富，突出深度挖掘装备技战术潜力**

美国空军将"黑旗"定义为涉密级别高、装备型号多、科目难度大的高端演习，参演人员不但需要透彻理解演习的内容和意图，还需要根据演习进程及时提出针对性和可操作性较强的意见及建议。因此，美国空军只选拔熟练掌握装备，甚至具有实战经验的资深飞行员参与"黑旗"演习。这些飞行员能够在演习设定的场景中不断探索，深度挖掘装备的技战术潜力，最终充分释放其作战能力。

## 三、结束语

近年来，美国愈发强调将试验鉴定工作前伸至武器装备研发的早期阶段，即在研制试验阶段尽可能考虑到后续作战试验所需的实战背景，在作战试验阶段尽可能利用研制试验阶段收集的数据。此举不但有助于确保颠覆性技术不再仅仅停留在原型阶段，而且有助于更好地开发新型作战概念和战术。由"黑旗""橙旗"和"翠旗"构成的三位一体"试验旗"体系为美军加快研制"天生联合"的武器装备体系和快速形成联合全域作战能力提供了重要平台和手段。

（中国航空工业发展研究中心　廖南杰　张宝珍）

# 英国"暴风"战斗机启动概念研究

2021年7月,英国国防部授予BAE系统公司一份金额约2.5亿英镑的"暴风"战斗机设计和开发合同,标志着该机正式进入概念研究阶段。

## 一、发展背景

**(一)英国亟需发展新型航空装备应对未来威胁**

英国国防部在2018年发布的《作战航空战略》中提出:空中力量具备速度、航程、敏捷等优势,对于英国实现国家安全目标和"强大、繁荣、富有影响力、全球化"的国家愿景有无可替代的重要作用。但过去20多年间,英国获取空中优势的能力不断削弱,亟需通过发展新型航空装备尤其是新一代制空装备,应对以一体化防空系统能力强大、电磁环境日益复杂、太空和网络领域愈加重要等为主要特征的未来威胁环境。

**(二)英国亟需发展新型航空装备维持技术能力**

《作战航空战略》还提出:先进技术是维持英军作战优势和行动自由、确保英国繁荣的基础。英国亟需通过新型航空装备项目的带动,持续发展系统集成、推进系统、传感器和武器等核心技术；同时，通过项目的带动，开发一体化设计、基于模型的工程和快速原型制造等新技术、新工艺和新流程，不断提高工业界的生产力与生产效率，对作战装备成本攀升、周期增长的趋势做出响应，从而维持英国在航空领域的技术能力。

## 二、基本情况

### （一）项目实施安排

英国于 2018 年启动"暴风"战斗机项目，瑞典和意大利分别于 2019 年 7 月和 9 月加入，荷兰以及沙特阿拉伯等海湾国家正考虑加入。该项目旨在发展适应 2030 年及之后作战环境的未来战斗机，并在 2040 年前后取代现役"台风"等机型。按照目前计划，演示验证机将在 2025 年首飞，生产型飞机将在 2035 年前向英国皇家空军交付。

英国计划 2025 年前为"暴风"项目投资 20 亿英镑（约合 27 亿美元），此外工业界还将自行提供部分投资。目前，英国国防部、皇家空军、BAE 系统公司、罗尔斯·罗伊斯公司、列奥纳多公司英国分部及欧洲导弹公司英国分部组成了"暴风"团队，合作推进技术开发。其中，BAE 系统作为总承包商，负责平台研发以及先进作战航空系统集成，罗尔斯·罗伊斯负责先进动力与推进系统的研发，列奥纳多负责先进传感器、电子及航电设备的设计，欧洲导弹公司负责机载武器的研发。瑞典和意大利在联合概念定义、研发等工作中与英国开展合作，但承担的工作内容有待进一步确定。

### （二）技术攻关进展

"暴风"项目启动后，英国立足"由内到外"原则，优先攻关机载系统和传感器，截至目前至少已实施 80 个开发项目，授出 160 多份合同，开发起动发电机、远程感知、定向能、智能维护、动态可重构架构、网络防护、人工智能、可穿戴驾驶舱、适应性强的机体和先进材料等技术，并全面采用包括数字孪生在内的数字工程技术。

目前，"暴风"项目已在虚拟座舱、先进动力与飞发一体化设计、嵌入式起动机发电机等多项关键技术领域取得了较大进展。其中，虚拟座舱基于增强现实技术打造，取消了目前驾驶舱中的大量物理部件，具有重量轻、模块化设计易于快速升级、适应不同机型、方便飞行员个性化配置等优点。先进动力与飞发一体化设计实现了推进系统与飞机平台的气动匹配，优化热管理系统、取消机载通风系统，提高整体效率，采用智能电力管理系统，减少能量转换装置数量，取消辅助动力装置，将发动机作为主动力装置的潜力最大化。嵌入式起动机发电机通过在发动机轴上安装电动机，以电力系统取代液压、气压系统等，可简化结构、减轻重量、缩小发动机横截面积，提高发动机效率、响应速度与高海拔环境下的喘振裕度。

## 三、主要特点

从已公开的概念图与模型看，"暴风"战斗机采用单座、双发、λ翼、外倾双垂尾、无平尾的总体布局，推进系统采用无附面层隔道超声速进气口、两侧S形进气道和二元尾喷管，突出隐身能力。此外，其机身比F-35战斗机更长、更宽，可提高机内载油量，满足英国皇家空军"下一代战斗机应具备跨洲攻击能力"的要求。更大的机身还便于布置内埋武器舱，并为安装传感器及定向能武器（含所需电源和冷却）等有效载荷提供更多空间，显示该机突出远程、重载等特征。该型机将采用可扩展的机体架构和自主性、灵活的有效载荷配置、可重构的通信系统、集成的传感器及新型对抗措施、多种先进的任务传感器、下一代飞控系统、先进的数字工序与工装等，具备可灵活适应多种任务、联通性和协同能力突出、经济可承受性良好且易于升级等特点。

### （一）可灵活适应多种任务需要

"暴风"战斗机可灵活、广泛地在各类军事行动中使用；操作人员可根据任务的不同需要，选择使用具有低可探测特征的保形油箱、武器及空射无人机布撒器、大型模块化传感器、远距倾斜摄影侦察系统、激光武器和马赫数 5 以上的高超声速武器等。系统设计上支持"即插即用"与"可扩展的自主性"等特征；可选有人驾驶技术在有人驾驶模式下为飞行员提供决策辅助以及多种无人操作模式。这些功能可重新配置，用于增强战斗机的可用性、网络弹性、生存力与战术选择。

### （二）具备突出的联通性与协同能力

"暴风"战斗机采用的"协同交战能力"技术，可共享各类传感器数据与信息，对攻击或防御行动进行协调；并可与空、天、地、海、网域以及其他军用、民用无人系统平台进行互操作。"暴风"可与"忠诚僚机"协同作战，并可对蜂群无人机等其他系统进行指挥与控制，恶化敌人防御态势、提高本机生存能力。"暴风"具有先进的人机接口，包括基于眼动追踪和手势控制，提供直观和复杂的任务管理。通过使用类似的虚拟方法，可增强地面任务规划和对无人飞行器远程指挥，从而确保快速有效地掌握战场态势。

### （三）重视经济可承受性且易于升级

"暴风"战斗机采用增材制造、连接和紧固等多种技术途径，提高产品的经济可承受性。在燃料与弹药补充、装备维修等工作中使用机器人，降低在役保障成本。通过可扩展的机体架构与灵活多变的载荷构型，快速升级，实现在快速变化的威胁环境中赢得作战优势与行动自由。

## 四、几点认识

**(一) 主要国家下一代战斗机目标图像已基本明确,正大力投资、加速推进**

目前,全球主要航空强国已启动多个新一代制空装备发展项目,除"暴风"进入概念研究外,美国空军"下一代空中主宰"项目已于2020年夏完成全尺寸演示验证机首飞并进行多轮次试飞,日本F-3战斗机需求和总体方案基本收敛并启动型号研制,法国达索公司主导的"下一代战斗机"也启动了演示验证机研制阶段工作。总体看来,各国下一代战斗机的使命任务、能力需求、形态特征等总体目标图像已基本明确,呈现出加速推进态势。

**(二) 先期系统性布局相关技术研发,是国外下一代战斗机发展的重要抓手**

英国在"暴风"项目启动前后围绕总体、动力、航电、机电、自主、协同等领域布局超过80个技术研究项目;美国空军在"下一代空中主宰"项目启动前进行了长期的技术储备,以动力技术为例,自2007年开始连续投资"自适应通用发动机技术"等4个项目,使下一代战斗机所用动力先于平台转入工程验证机发展;新世纪以来,日本已实施了20多个与下一代战斗机相关的预研项目,总经费超过14.54亿美元。可见,提前系统性布局关键技术研发攻关与集成演示,已成为国外下一代战斗机发展的重要抓手。

**(三) 下一代战斗机将具备突出的远程作战、灵活适应和协同交战能力**

英国皇家空军针对"暴风"提出了"跨洲攻击"的远程作战需求,并要求其能与无人机协同作战、指挥蜂群无人机;美国空军"下一代空中主宰"项目明确提出要发展专门面向印太战场的远程、重载型别，可与其他空、天、地、海、网、电装备高度互联，灵活遂行火力打击、信息获取、数据处理、目标指示等多种作战任务；法国"下一代战斗机"可指挥 4 架无人机编组作战、控制蜂群无人机，还可与多种装备互联并协同作战，共同夺取制空权。综上所述，国外下一代战斗机普遍突出远程作战，具有多样化的任务适应性，强调与"忠诚僚机"、蜂群无人机等无人装备的协同作战能力。

（中国航空工业发展研究中心　黄涛）

# 美国空军"天空博格人"项目开展技术验证试飞

2021年4月,美国空军"天空博格人"项目自主核心系统安装在UTAP-22"灰鲭鲨"无人机上成功首飞,完成了系统基本功能验证,随后又完成了多次试飞。"天空博格人"自主核心系统的成功试飞表明美军在将全任务自主系统与低成本可消耗无人机集成、构建有人/无人协同作战能力方面取得了重要突破。

## 一、发展目标

美军认为,研发智能化自主软件套件,并集成于多类低成本可消耗无人平台或有人平台后,可为其提供适应强对抗作战环境的自主化无人作战力量。美国空军研究实验室提出,"天空博格人"可用于支持美国《2018年美国国防部空军人工智能战略》和《2019年维持美国人工智能领先地位的行政命令》的智能技术发展需求,获得改变未来军事战场游戏规则的新型武器系统,使对手难以快速预测其作战意图、战场态势,为未来美国空军提供一种慑止、迟钝和击败大国竞争对手的有效方案。

## 二、项目进展

### （一）纳入"先锋"计划并明确快速研发转化机制

"天空博格人"用语和概念最早由美国空军原采购、技术和后勤助理部长威尔·罗珀提出。2018年10月，美国空军研究实验室战略发展规划和实验办公室正式启动"天空博格人"项目，旨在研发智能化自主软件套件，集成在多种低成本、可消耗无人机平台后，为美国空军提供适应当前强对抗作战环境的高自主无人作战系统。2019年，美国空军将"天空博格人"列入其三项"先锋"计划之一，由美国空军计划执行办公室（PEO）针对其愿景制定相应的发展计划和策略，旨在通过快速原型研制与试验加速推进新型武器系统和作战概念创新，进而获得改变游戏规则的新型作战能力。

美国空军研究实验室（AFRL）积极推动联合开发与测试工作，加快"天空博格人"系统关键技术攻关。2020年3月，美国空军使用BVM公司采用涡喷动力的无人机开展了5次"天空博格人"系统飞行试验，验证了部分基于卷积神经网络的机器学习算法，测试最大飞行速度达370千米/小时，表明"天空博格人"系统具备高速飞行任务能力。2020年5月，美国空军发布"天空博格人"原型化、试验和自主能力发展项目的跨部局通告。同时，美国空军还选定莱多斯公司为"天空博格人"自主核心系统设计代理。美国空军计划将该系统作为"智能大脑"装入各类无人机系统，以发展更多具备高自主能力无人作战力量。

### （二）采用平台及其他机载软硬件全面竞争研发模式

"天空博格人"系统的研发过程极大变革了美军新型作战系统的研发理

念，AFRL选择由飞机制造商和软件合作开发商取代传统单一总承包商，同时引入十几家合作开发商，创新竞争研发模式，降低工业界准入门槛，在关键系统的采购、部署、维护等方面提供更为宽松的软件和硬件创新环境，实现新技术的快速迭代应用。

2020年7月，美国空军寿命周期管理中心先后授予波音、通用原子、克拉托斯、诺斯罗普·格鲁曼等13家公司各一份为期5年的"天空博格人"项目不定期交付/不确定数量合同，每份合同的金额上限4亿美元，用于开发"天空博格人"原型系统。通过纳入多家传统和非传统合作承包商，美国空军建立了一个极具多元化和竞争力的供应商库。目前，波音公司为澳大利亚皇家空军开发的"空中力量编组"无人机、克拉托斯公司的XQ-58A"女武神"无人机是该项目平台有力竞争者。2021年9月，诺斯罗普·格鲁曼公司公布了其为"天空博格人"项目开发的"437型"无人机概念图。根据美国空军计划，"天空博格人"原型系统将于年内实现原型机首飞，2023年具备初始作战能力。空战司令部计划在2025年使用"天空博格人"系统替换部分F-16战斗机。

**（三）机载自主核心系统正式进入系统试飞阶段**

2021年4月，美国空军研究实验室在佛罗里达州的廷杜尔空军基地首次开展"自主可消耗飞机实验"系列试飞活动。期间，美国空军选用UTAP-22"灰鲭鲨"无人机完成了对"天空博格人"自主核心系统的系列验证工作，验证了包括飞控、导航、通信、协同等一系列基本能力。首飞的顺利开展，表明自主核心系统软件已达到实机操纵能力，将有力支撑一系列复杂作战场景下的任务测试。

2021年6月，"天空博格人"项目团队在加利福尼亚州爱德华空军基地举行的"橙旗21-2"演习中，成功对一架搭载自主核心系统的"复仇者"

无人机进行了为期 2 小时 30 分钟的飞行试验，此次试验测试了自主核心系统软件的一系列自主任务和安全操作能力。期间，MQ-20 在一定高度稳定飞行后，操作员即将控制权转交自主核心系统软件，后者完成了包括导航指挥反馈、地理栅栏响应、遵循飞行包线、实施协调机动等任务，地面指控站对试飞过程进行了全程监测。

2021 年 10 月，2 架配装自主核心系统的 MQ-20 无人机成功完成编组试飞，验证了该系统的无人机自主编组能力。

## 三、主要特点

"天空博格人"项目提出了多项关键能力需求，并通过创新研发和设计理念，探索适应未来战场环境的新质作战力量，通过综合分析其软件核心和原型系统信息，总结"天空博格人"主要特点如下：

### （一）聚焦有人/无人协同作战能力

美军将"天空博格人"系统视为构建适应未来强对抗战场有人/无人协同作战体系的关键突破点。按照美军构想，具备低成本可消耗特征的"天空博格人"系统可作为有人战斗机的"忠诚僚机"加入战场，充当武器、目标指示、情监侦、诱饵等多种功能单元，实现有人机的力量倍增。波音公司正与美国空军积极探讨如何将 F-15EX 纳入"天空博格人"项目范畴：一方面，可将传统的 F-15EX 四机编队替换为 1 架 F-15EX 和 3 架"天空博格人"无人机系统的有人/无人混合编队，既可节约有限的战斗机资源，又可极大提升飞行员的生存能力；另一方面，可将"天空博格人"ACS 技术接入升级后的 F-15EX 战斗机，从而实现先进四代机的无人化改装，未来可能出现无人化 F-15EX 与 F-35 等五代机协同作战场景，实现隐身战机弹药、传感器等能力的极大拓展。

**（二）要求具备高度自主化水平**

美国空军目前正处于面向作战的人工智能算法研发的早期阶段，正在探索面向实战的第一代人工智能（AI）系统的战场任务能力。"天空博格人"正是美国空军用以进行复杂 AI 开发、试验和部署的关键原型系统，提出了包括自主躲避飞机、地形、障碍和危险气象条件，自主起降，基于作战环境的自适应任务规划等多项自主能力。项目研发的基于强化学习的 R2D2 等算法可以快速处理海量的作战数据信息，协助飞行员和指挥员完成作战机动、传感器信息处理、武器开火等操作，极大减轻作战人员的认知和操作负担，提升战场效率。

2017 年，美国空军提出"自主队友科技"计划，旨在发展具有更高自主化水平的"无人僚机"，"天空博格人"项目是美国空军该计划的重要组成。此外，在该计划支持下，2021 年 10 月，美国空军研究实验室分别与科拉托斯、通用原子公司签订"机外感知站"项目合同，旨在研制自主无人作战飞机原型机，计划 2024 年开展无人传感器飞机测试，2026 年开展无人攻击飞机测试，2030 年开展无人预警飞机测试，逐步丰富美国空军智能无人作战飞机的任务谱系和能力，最终目标均为实现更高自主化水平的无人作战。

**（三）机载系统采用通用模块化设计**

"天空博格人"系统要求软件开发商提供具有开放式架构的人工智能软件套件，从而保障其在可续发展中通过软件升级和迭代形成更为复杂的自主作战能力。软件套件良好的通用性和可移植性使其既可安装于有人战斗机辅助飞行员开展作战决策，又可应用于专门设计的低成本可消耗无人机平台和 F-16 等无人化改装的平台，使其具备与有人战斗机接近的自主无人空战能力。同时，美军要求硬件开发商提供开放式任务系统（OMS）标准和接口，允许硬件系统的快速更换升级。提供模块化任务载荷能力，允许作战平台针对不同作战任务进行载荷的快速安装与更换，实现不同作战能力的快速生成。

美国空军设想，利用"天空博格人"强大的软件核心和模块化载荷为其提供适用于未来战场的多种作战任务集，包括进攻性空中打击/防御、近距空中支援、下一代情监侦/打击作战，每类作战任务可能是由包含多个同形异构的无人平台编组共同完成，编组未来有望搭载美国空军的先进战斗管理系统（ABMS），为其提供对抗区域强大的通信和数据共享能力。"天空博格人"为空军正在探索未来的空战概念提供了新的思路。2022年3月，美国空军授予林奎斯特公司一份价值4800万美元、为期5年的合同，作为小型企业创新研究计划的一部分，支持新技术、解决方案在"天空博格人"架构下的高效集成。

### （四）采用低成本可消耗的隐身无人机平台

美国空军将"天空博格人"系统视为强对抗环境中的先进武器系统，应具备应对拒止环境中大量挑战和不确定性的能力，更好地融入未来战场。一是亚声速或超声速喷气发动机为其提供了高速突防能力；二是内埋式弹仓、V形尾翼、锯齿状舱门等为其提供了低可探测RCS特性，背负式进气道提供了低红外探测特征，保证了良好的平台隐身性能，使其可有效躲避雷达和光电探测；三是美国空军研究院构想，"天空博格人"可携带AIM-120中距空空导弹，具备制空作战能力；四是美国空军要求"天空博格人"系统具备弹性作战能力，确保其在GPS受限或通信导航系统被敌方阻断和欺骗的环境下仍具备定位、导航、授时能力。

## 四、几点认识

一是美军军事智能技术成熟度不断提升,加速人工智能等新兴技术的军用实用化进程。美军高度重视人工智能、5G、量子等新兴技术在军事领域的运用,以美国国防部、DARPA、各军兵种为代表开展了大量相关项目研究。2019 年 2 月,美军发布首个人工智能战略报告,旨在扩大人工智能的军事领域运用。"天空博格人"ACS 首飞是继 2020 年 8 月"苍鹭"系统公司人工智能算法在"阿尔法"空战格斗竞赛中击败资深 F-16 飞行员,2020 年 9 月挂载"敏捷秃鹰"人工智能吊舱的 MQ-9 无人机完成首飞后的又一项军事智能领域的关键里程碑,表明美军布局的多个相关项目已取得实质性进展,正深度融入其当前军事作战体系,凸显实用化效果。

二是美军不断革新装备研发与采办策略,加快构建国防装备技术体系现代化能力。美国空军在其面向未来十年的 2030 战略中识别了一系列转型科学与技术组合,并选取包含"天空博格人"在内的 4 个项目开展"先锋"计划,旨在通过原型研制和试验推进新兴的武器系统和作战概念。2020 年 2 月,美国空军将"天空博格人"先进飞行器原型系统研制和试验认定为面向未来十年的重要转型科学技术之一。在快速原型化开发理念的指导下,美军大量引入具有新兴技术开发能力的国防企业和高校等团队,由空军计划执行办公室(PEO)为每个计划制定和执行采办策略,设立专门的临时转型能力办公室(TCO)进行管理。"天空博格人"项目仅用两年时间即由意见征询阶段达到自主核心系统首飞里程碑,并计划 2023 财年获得初始作战版本,这是对战斗机动辄十几年研发周期的颠覆式革新,正加速其国防装备体系现代化发展。

三是美军装备建设与作战概念并行演进，谋求短期内形成强对抗环境实战化水平。美国空军希望通过"天空博格人"项目为作战人员提供未来十年战场上的领先优势，并提出多种相关作战概念：一是"天空博格人"系统可与现役四代机/五代机实现互联互操作，组成"忠诚僚机"编组，未来还将与下一代空中优势战机协同，实现有人机的能力倍增；二是"天空博格人"系统可投放"空射效应"等"蜂群"作战单元，正加速无人"蜂群"实战能力生成，兰德公司报告还曾提出"天空博格人"潜在平台组成集群执行对海作战任务的构想；三是美国国防高级研究计划局"马赛克战"作战概念提出利用人工智能和自主系统实施决策中心战，要求开展复杂的有人/无人协同行动，并据此开展了"空战进化"等多个项目研究，"天空博格人"技术的成熟将为空战领域"马赛克战"概念的落地提供重要支撑。

（中国航空工业发展研究中心　朱超磊）

# 美国"远射"空射制空作战无人机发展分析

2021年7月24日,美国通用原子公司发布一张发射空空导弹的空射无人机概念图,显示了其竞标美国国防高级研究计划局(DARPA)"远射"(LongShot)项目的方案。"远射"项目旨在开发由有人机挂载和投射、携带空空导弹的空射无人机,探索可显著扩大交战范围的空战概念。该项目如取得成功并且实战化,可能大幅扩大空战交战范围,并改变未来空战样式。

## 一、项目背景

**(一)美军探索在"反介入/区域拒止"环境中新作战方案的需要**

美军认为,一体化防空系统是潜在对手"反介入/区域拒止"能力的重要组成,它包含完善且先进的指挥控制、态势感知、地空/舰空导弹武器系统、战斗机及其机载武器等,对其包括隐身作战飞机在内的现役有人机构成越来越严重的威胁;而为了备战大国战争,需"质数并重"发展航空装备,仅仅依托更先进高端装备来更新换代和扩充规模将导致预算紧张,须寻求更经济有效的方案。与有人机相比，无人机更适合在危险和恶劣环境中执行任务，且寿命周期成本更低，成为美军在寻求新方案时的重要选择。

**（二）智能空战和小型化技术为自主空战无人机的实现提供了可能**

近年来，美国智能空战技术发展取得较大突破。2016年美国辛辛那提大学开发的"阿尔法"超视距空战智能程序在模拟器条件下击败了美国空军经验丰富的退役飞行员，2020年8月美国苍鹭系统公司开发的智能空战程序在由DARPA举办的阿尔法空战格斗竞赛中，又以5∶0击败了F-16战斗机的飞行人员。这两件事都是智能超视距空战、智能格斗空战技术发展的里程碑事件。另外，综合集成的先进小尺寸传感器技术的快速发展，使小尺寸无人机任务能力持续提升。为此，空射无人机可由作战飞机内埋或外挂，发射后自主执行多种任务，为美军发展经济有效的空战解决方案提供了新途径。

## 二、项目概述

**（一）项目内容**

DARPA在2020年2月提交的2021财年预算要求中首次公布"远射"项目，并申请了2200万美元经费。该项目是2017年DARPA"飞行的导弹挂架"项目的两个后续项目之一，另一个是"飞枪"（Flying Gun）项目。"远射"和"飞枪"项目都寻求开发有人机空射的作战无人机，区别在于"远射"无人机携带空空导弹，"飞枪"无人机携带机炮。DARPA在预算文件中透露，"远射"项目初期将进行技术论证、推演仿真和样机开发，后期将试飞"能够在任务全周期内"自主可控的全尺寸原型机，但并未给出预期的时间节点。

## （二）作战构想

DARPA 提到，当今夺取空中优势依靠的是先进有人战斗机突破敌方防空体系，进而攻击重要目标，但"矛"与"盾"的螺旋发展使逐步提高武器质量的模式陷入瓶颈。"远射"无人机或有希望改变这种循环，提供一种新的战斗力生成途径。该型无人机可在敌方防空区域以外发射，携带空空导弹突入防区执行作战任务，既能保证有人机远离敌方威胁，也能通过无人机前出缩短导弹攻击距离，显著拓展交战范围、提高任务效能。

根据 DARPA 的要求，"远射"无人机既可由战斗机外挂，也可由轰炸机内埋。该无人机携带空空导弹冲入敌方空域，接收到命令后可向敌方目标开火，具备多种作战部署运用方式，如在确保机组成员安全的情况下，可在敌方攻击波次到达之前率先发起攻击，或与有人机进行协同作战，或为轰炸机、预警机等提供护航。"远射"项目将探索多模式、多杀伤系统交战概念，采用多架无人机同时与多个空中目标交战。无人机还可以用较慢的速度飞向目标以节省燃料，等到接近目标时再加速，在更近的距离上发射空空导弹，这样导弹能保持更高的速度或动能与目标交战，使目标更难摆脱。

根据目前披露的信息，与传统空空导弹相比，"远射"无人机有多项潜在优势。首先，无人机航程更远，在较低的空域飞行，在交战全程都能保持高机动性；其次，"远射"无人机可以从不同方向攻击目标，其中多数方向都不是有人机所在的位置，增加了攻击的突然性；最后，有人机发射"远射"无人机时几乎没有额外的红外特征，降低了被侦察到的风险。

## （三）项目进展

2021 年 2 月，DARPA 与通用原子公司、洛克希德·马丁公司和诺斯罗普·格鲁曼公司分别签订"远射"项目第一阶段开发合同，主要开展论证和技术开发。随后,DARPA 发布"远射"无人机概念图(图1),展示了一种类似巡航导弹的隐身无人机,带有弹出式机翼和后置吸气发动机,可从内埋弹舱发射两枚小型中距空空导弹。如从任务角度来看,"远射"无人机本身的作战航程可能达到200千米或更高,而 AIM-120D 中距空空导弹有效射程预计不超过150千米,因此使用"远射"前出,就可在更远的距离上打击敌方空中目标。

图1 DARPA "远射"无人机概念图

诺斯罗普·格鲁曼公司和通用原子公司也公布了其"远射"无人机方案构想。如图2(a)所示,在诺斯罗普·格鲁曼公司的概念图中,无人机采用外倾式双垂尾和背负式进气口,两翼下各挂一枚导弹;考虑到无人机在有人机翼下挂装需要缩小体积,其机翼应是收放或折叠式的。如图2(b)所示,在通用原子公司发布的概念图中,也采用外倾式双垂尾,但看不到进气口位置,机腹后部有内埋弹舱;同样考虑到有人机挂装需要,其机翼也应是收放或折叠式。

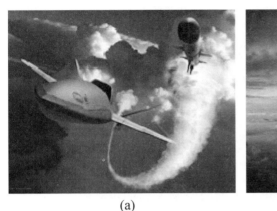 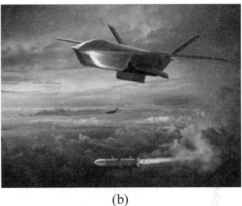

(a) (b)

图 2　诺斯罗普·格鲁曼公司、通用原子公司的方案构想

## 三、几点认识

### （一）"远射"项目发展空中作战的可消耗无人机

"远射"项目与 DARPA 的"小精灵"空射无人机项目的定位存在较大区别：一是无人机载体不同。"小精灵"项目中设想的无人机载体是专门用于发射和回收无人机的运输机，它相当于无人机航母。"远射"项目中的无人机载体是战斗机或轰炸机等作战飞机，无人机悬挂在作战飞机的弹舱内或外挂架。二是无人机作战任务不同。"小精灵"无人机设想主要执行对地作战任务，"远射"无人机则设想主要执行对空作战任务。三是"小精灵"无人机需进行空中回收，"远射"无人机无需空中回收，属于一次性装备。

### （二）空射作战无人机可能成为有人机/无人机编组协同作战的重要装备

有人机/无人机编组协同作战是美军正在着力探索的新型空战样式，为此开发的无人机装备技术多为独立的低成本可消耗无人机，如"天空博格人"等。"远射"作为空射无人机，其发射后并不完全独立搜寻和射击敌方空中目标（从技术上看也有较大难度），而是需要有人机在发射前进行至少部分的目标诸元等参数装订，发射后必要时接受有人机指挥以发现和摧毁空中目标，因此是紧密型有人机/无人机编组协同作战，可能开拓出基于空射作战无人机的有人机/无人机编组协同空战样式。与无人机独立运用、升空后与有人机集结相比，该样式可简化对战场指挥控制的要求，可敏捷响应战场态势，对有人机空战能力的提升直接且显著。

### （三）无人机如何在低成本、小型化的同时确保预期作战效能，可能是"远射"项目面临的主要技术挑战

"远射"无人机由战斗机或轰炸机挂载和发射，对其体积和重量形成很大限制；同时，又要携带空空导弹执行攻击任务，这就要求具备机-弹之间的信息、电气和机械接口，能生成或接收并传递导弹初始对准信息和目标信息，甚至还要携带机载传感器探测跟踪目标，才能保证无人机完成预期的功能，这与无人机的低成本、小型化要求产生较为尖锐的冲突。从已有的概念或方案构想看，解决方案可能是牺牲无人机的机动性和防护以减小体积，将有限机内空间用于满足基本任务能力需求，以便更好地发挥其作用。即便如此，这仍需该无人机采用收放或折叠式机翼、小型化且高性能的传感器系统、精确的机-弹对准系统，可能还需要发射或中继转发导弹中段修正指令的设备，这都对其总体设计、机载分系统研制以及机上电磁兼容等方面提出了较大挑战。

（中国航空工业发展研究中心　纪宇晗）

（中国航空研究院　袁成）

# 美国空军启动首个高超声速飞机验证机研发项目

2021年7月底,美国空军联合私营投资公司授予美国赫米尔斯(Hermeus)公司一份总额6000万美元、为期3年的科研合同,要求完成一型涡轮基冲压组合发动机(TBCC)的飞行验证和3架"夸特马"(Quarterhorse)高超声速飞行验证机的研制试飞等工作。2021年11月,赫米尔斯展示了一架"夸特马"验证机全尺寸实物模型样机,并利用该样机完成了发动机地面试车演示。这是美军自2007年HTV-3X"黑雨燕"高超声速验证机项目之后,十余年以来的首个高超声速飞机验证机研制项目,对推动美国高超声速飞机发展具有重大意义。

## 一、美国高超声速飞机发展历程

为落实国家航空航天倡议(NAI)提出的高超声速飞机发展计划,美国在2002年启动的"猎鹰"项目中设立了"高超声速巡航飞行器"(HCV)子项目,旨在研发巡航速度为马赫数10级、航程上万千米、采用氢燃料TBCC发动机的高超声速飞机。围绕该目标,美国空军和DARPA等布局安排了概念方案、动力、气动等技术探索研究。美军方很快意识到氢燃料的重大缺陷（主要技术难度和维护保障等代价太大），在 2007 年将发展目标转变为马赫数 6 级、采用碳氢燃料 TBCC 发动机的高超声速飞机，并一直贯彻到今天。围绕该目标，美国空军和 DARPA 长期以来持续安排了高超声速飞机概念研究、气动布局、推进系统、结构/材料、热防护以及机载雷达、光电等技术研发。2019 年，高超声速飞机用中型超燃冲压发动机在地面试验中获得 5.9 吨推力。目前，依托 DARPA 启动的"先进全状态发动机"（AFRE）项目，美国计划在 2021 年底完成马赫数 5 级全尺寸 TBCC 发动机地面集成验证，为后续开展高超声速飞机验证机奠定基础。按照美国空军高超声速飞机发展路线图，美军将先发展技术验证机，降低技术风险；在 20 世纪 30 年代研制可重复使用次数有限的低寿命飞机，满足作战急需；在 20 世纪 40 年代研制和部署高寿命高性能的飞机，形成完备作战能力。

此外，围绕美国空军明确提出的高超声速飞机发展需求，美国军工巨头洛克希德·马丁公司和波音公司在已有技术成果基础上分别于 2013 年和 2018 年提出了各自的高超声速飞机研制项目，自筹资金积极开展相关研发工作。二者提出的方案高度趋同，巡航速度为马赫数 5~6 级，均采用并联式 TBCC 发动机，并计划在 2030 前后完成研制。

## 二、"夸特马"高超声速飞行验证机项目概况

赫米尔斯公司于 2018 年成立，4 名创始人团队具有扎实的高超声速飞行器研制经验、技术和基础，与美国空军具有良好的合作关系。2019 年，赫米尔斯公开披露了马赫数 5 级高超声速民用飞机研发项目，计划充分利用现有和短期内可实现的技术，研制一型最大速度马赫数 5、载客 20 人左右、

航程约 7400 千米的高超声速民用飞机，初步目标是在 21 世纪 20 年代末投入商业运营。

## （一）项目需求主要瞄准美国空军下一代总统专机和侦察等需求

美国空军寿命周期管理中心总统专机部是该项合同的需求方，同时也是出资方之一。美国空军总统专机部明确披露，授出该合同的目的主要是期望赫米尔斯正在研发的高超声速民用飞机可以改进发展，用于执行总统/要员运输、情报监视与侦察（ISR）和其他可能的作战任务。

围绕以上需求，美国空军为该项合同设定了五大目标：一是深化对高超声速飞机作战能力及技术的理解和认识；二是完成一型可重复使用的TBCC推进系统的飞行试验；三是设计、制造并试飞 3 架"夸特马"高超声速飞行验证机；四是为后续在"夸特马"验证机上集成（任务）载荷并进行高超声速飞行试验提供设计规范；五是为空军战略（推演仿真）分析工具提供推演数据输入。

## （二）验证机方案突出小型、TBCC 动力、重复使用等要素

根据美国空军和赫米尔斯官方网站公布的信息，"夸特马"验证机采用了大后掠三角翼无平尾加单垂尾布局，无人驾驶，机体长细比明显较大，前机身与进气道高度融合（图1）。采用单台串联式 TBCC 发动机，进气道采用三维内转式方案；尾喷管看不到细节，但从外轮廓上看应该是其此前公布的二元喷管方案；涡轮发动机采用的是 GE 公司 J－85－21 加力式涡喷发动机，在进气道出口和涡轮压气机入口之间加装有预冷装置；亚燃冲压发动机与涡轮加力燃烧室共形，低速时为加力模态，高速时为亚燃模态。

J－85－21 涡轮发动机主要配装 F－5E 第二代战斗机（最大速度马赫数1.6），直径 0.45 米，长约 2.76 米，重约 290 千克，最大加力推力约 2.3 吨。根据美国媒体披露的采访信息，结合涡轮发动机的尺寸可大致推算，

图 1 "夸特马"验证机想象图

"夸特马"验证机长 10~12 米,翼展 2.5~3 米,尺寸上稍小于美国空军 D-21 高空高速无人侦察机(长 12.8 米,展 5.7 米,重 5 吨,最大速度马赫数 3.3)。根据该尺寸及发动机推力,可进一步推测"夸特马"验证机总重为 4~5 吨量级。

美国空军未披露"夸特马"验证机的速度指标,但赫米尔斯在官方视频透露"夸特马"验证机的一大任务是将飞行速度上探到马赫数 5。综上信息可基本描绘出"夸特马"验证机的目标:

(1) 最大速度:马赫数 5。

(2) 起飞总重:推测为 4~5 吨。

(3) 尺寸:长 10~12 米,翼展 2.5~3 米。

(4) 采用单台串联式 TBCC。

(5) 涡轮发动机为 J-85-21 改进,加装射流预冷装置后工作范围为马赫数 0~3.3。

(6) 亚燃冲压发动机工作范围为马赫数 2.8～5。

(7) 无人驾驶，可重复使用，推测可水平起降。

**（三）赫米尔斯公司计划采用"三步走"的思路分步发展高超飞机**

赫米尔斯公司获得的合同为期 3 年，应在 2024 年 7 月结束。美国空军未披露过程节点，但赫米尔斯公司在官方视频中披露，将在 2023 年研制用于高马赫数飞行试验的小型无人验证机（即"夸特马"验证机），在 2025 年研制一型可执行应急货运和侦察任务的中型无人机，在 2029 年研制用于商用或公务出行的客运飞机。

## 三、几点研判

**（一）美国空军旨在通过创新管理模式来推动高超声速飞机技术向前发展**

美国空军授出验证机项目合同主要体现出以下特点：一是高超声速飞行验证机整机研制而不是单项技术；二是初创小企业而不是传统大企业；三是小资金而不是大资金。

从管理创新上，需要探索更加新颖高效的投资和管理方式，在国家经济紧张、国防经费趋紧的大环境下，需要军方以更少的国防经费投入撬动社会资本，引导社会资本和科技力量向国家和军队急需的军用或军民两用技术方向大量投入，加速推动科技创新、装备升级和国民经济发展。

从技术发展布局上，美国空军目前已系统布局了气动、动力、结构/材料与热防护、能源、热管理、航电等单项技术攻关，并研制了 X-60A 飞行试验平台来加速单项技术成熟。随着单项技术逐步突破和成熟，美国空军需要考虑布局开展技术集成验证。

从工业能力布局上，需要培育更多的新生科技力量，打破波音、洛克希德·马丁等传统军工巨头长久形成的工业格局，倒逼他们进行改革和创新。

**（二）"夸特马"项目将验证高超声速飞机组合发动机等技术难题**

"夸特马"验证机的核心目标是飞行验证 TBCC 发动机技术，采取的技术路线是快速集成成熟技术以实现飞行。这决定了"夸特马"验证机不会过多追求性能指标和技术先进。即便如此，要顺利集成各项技术成果并成功完成飞行试验，"夸特马"项目仍将突破并验证飞发耦合设计、宽速域进排气、TBCC 模态转换等技术难题。赫米尔斯在 2020 年 8 月曾披露，在 2020 年 3 月完成的小型 TBCC 发动机地面试验中就遗留了模态转换和进气道等难题，且预计要到 2022 年底才有可能突破。一旦突破，将极大推动高超声速飞机发展，为后续研制列装具备实战能力的高超声速飞机奠定技术基础。

**（三）"夸特马"项目将为美国培养一支高超声速领域的科技创新力量**

承研单位赫米尔斯公司属于白手起家的初创企业，最初只能在一个集装箱改造的简易建筑内做试验，短短 1 年多时间已经拥有了约 1 万米$^2$ 的科研试制厂房，核心团队规模已扩展到数十人并仍在快速扩充。"夸特马"项目将为美国高超声速领域新培养一支科技创新力量，这支力量将具备验证机方案设计、技术集成验证、快速试制以及飞行试验的科研能力，有力推动和完善美国高超声速飞机科研体系建设。

## 四、结束语

"夸特马"项目一旦成功，将使美军高超声速飞机发展取得突破性进展，美国将成为全球首个实现高超声速飞机飞行验证的国家，将大幅加速美国高超声速飞机技术成熟和作战能力生成，抢先取得空中攻防军事优势。同时该项目也将极大推动民用高速或高超声速飞机技术发展，推动国民经济和航空科技创新发展。

（中国航空研究院　廖孟豪）

# 美国空军先进战斗管理系统进展分析

先进战斗管理系统是美国空军高度重视的优先采办项目，旨在构建"安全的军事数字网络环境"。2019—2021年，该项目开展了多次演习试验，目前项目重点已从快速技术研制转移至作战能力部署。2021年5月，美国空军宣布先进战斗管理系统项目将于2022年部署首个硬件，是安装在KC-46加油机上的通信吊舱。

## 一、发展历程

2016年，美国空军发布《空中优势2030飞行计划》，首次提出发展先进战斗管理系统，通过采用分散化平台取代E-8对地监视与攻击指挥飞机和E-3机载预警与控制系统等大型平台，提高指挥控制中心在强对抗作战中的生存力。为适应2018年美国《国防战略》的要求，美国空军从网、云、数字、智能等视角对该系统进行了重新定义，先进战斗管理系统旨在将每个射手和传感器连接到云计算环境，解决互操作能力缺陷，实现陆、海、空、天和网络域的信息分享，将借助人工智能等先进技术加速指挥控制，获取"决策优势"。2019 年，美国国防部提出联合全域指挥与控制（JADC2）概念，先进战斗管理系统被确定为空军的支撑解决方案。由此，先进战斗管理系统由军种级新一代战场监视与作战管理指挥控制系统，跃升成为实现美军联合全域指挥与控制的重要技术解决方案。

美国空军将先进战斗管理系统视为最高优先级项目之一，2019 年 3 月任命空军首席架构师普雷斯顿·邓拉普为系统研发主管，带领约翰霍普金斯大学等机构开发体系架构。同时美国空军安排充足资金支持项目开展研发工作，2020 财年该项目实际投入 1.39 亿美元，2021 财年获批预算 1.58 亿美元。2020 年以来，美国空军先后授予了超过百家企业竞争性技术开发合同，开展七类技术研发（数字体系架构、标准与概念；传感器集成；数据；安全处理；连接；应用；效果集成）。2020 年 11 月，美国空军宣布由空军快速能力办公室为先进战斗管理系统集成计划执行办公室，负责制定采办策略，并主管系统交付工作。为适应先进战斗管理系统能力部署新阶段，快速能力办公室对其进行全面调整，以更好地整合至空军的传统采办架构。

## 二、关键能力

2020 年 2 月，美国空军首次展示先进战斗管理系统组成。先进战斗管理系统是一个包含软件和硬件的"系统族"，以传感器集成为输入，通过连通进行共享，基于全球云和边缘云进行多级安全处理，在输出端进行效果集成，并依托数据、应用程序与人工智能支撑所有功能。"系统族"中包括待开发的七种技术类别和 28 种特定产品，产品几乎都以"一号"（ONE）命名，其含义是开放（Open）、联网（Networked）和可扩展（Extendible）。

快速能力办公室负责先进战斗管理系统采办后，2021年初决定不再发展"一号"产品线，而是按"数字基础设施"和"能力发布"两类发展六种能力，从能力维度定义先进战斗管理系统所需的关键技术领域。

**（一）数字基础设施**

"数字基础设施"部分将重点发展"安全处理""连接"和"数据管理"能力。

"安全处理"领域，主要研究通过多级安全的全球云和边缘云进行处理和存储的硬件和软件技术。此领域包含快速能力办公室在初始阶段拟采办的基础设施。"安全处理"解决方案将提供战术边缘的安全处理环境和工具，当与全球云网络断开时，仍可以保持远程运行。"安全处理"基础设施将支撑健壮的数据管理解决方案、零信任多级安全应用、人工智能算法和机器学习能力等关键服务。

"连接"领域，主要研究开放式软件定义无线电与网络、政府波形库和宽带多功能射频系统的集成技术，以及利用开放通信标准（OCS）、5G网络和多轨道卫星通信连接等商用技术所需的集成和标准化技术。此领域将提供全球范围的弹性、健壮的通信和数据传输能力。"连接"领域将研究软件定义的网络层和路由层，通过政府和商业通信链路连接的节点实现基于内容的路由。先进战斗管理系统将集成现有的和未来的连接解决方案，通过开放通信标准实现平台的快速升级与波形更新。"能力发布一号"的软件定义无线电解决方案就建立在开放通信标准技术的基础上。

"数据管理"领域，主要研究基于云的数据库、数据输入、数据封装、软件定义的数据管理和内容路由等技术。此领域旨在提高联合部队利用现有与未来的平台发现数据和共享信息的能力。"数据管理"领域将充分利用商业最佳实践，如应用程序接口（API）和标准化数据组织方案。此领域技术支持数据在多个安全级别之间快速、安全地移动，进而支持决策制定。

**（二）能力发布**

"能力发布"部分在"数字基础设施"基础上，重点发展"应用""传感器集成"和"效果集成"能力。

"应用"领域，主要研究基于云的应用技术，提供用户界面/用户体验（UI/UX）功能，使战斗人员处于"人在回路"，提供健壮和动态的战斗管理、指挥和控制（BMC2）功能，缩短决策时间并增强决策优势。

"传感器集成"领域，主要研究传感器集成的政府标准，提供开放和可重用的能力，以确保现有和未来军事系统与先进战斗管理系统数字基础设施的互操作性。

"效果集成"领域，主要研究效果集成的政府标准，以确保将空军部和联合部队的装备能力成功集成到数字基础设施中。

## 三、发展现状

**（一）研制计划**

在美国空军部前采办负责人威尔·罗珀的影响下，美国空军 2019 年决定先进战斗管理系统不按任何一种传统采办流程实施，而是以四个月为周期进行迭代演示。重点是开展快速技术开发演示，研发过程中并行开发约 30 条产品线，通过联合演示试验判别产品可用性。

在空军快速能力办公室的领导下，先进战斗管理系统项目已发生两大变化：一是"改名"，放弃了由威尔·罗珀制定的"硅谷式"架构和命名习惯，取而代之的是更为明确、体现用途的命名方式，如"高速公路驶入匝道"演示活动改名为"架构演示与评估"，6 种能力取代了以"一号"为后缀的"产品"。二是"集成",从 28 条产品线,到六种能力,再到两类策略——"数字基础设施"和"能力发布",实际投入作战的可交付产品必然会集多项功能于一身,因此不再适用于细分的能力类别。

美国空军 2022 财年预算文件中,为先进战斗管理系统列资 2.04 亿美元,比 2021 财年增加了 4600 万美元。其中,"数字基础设施"预计投入 5700 万美元,"能力发布"预计投入 1.47 亿美元。相比于 2021 财年和 2020 财年的预算文件,2022 财年预算文件中有关先进战斗管理系统的计划更为清晰,交付成果更加明确。

**1. "数字基础设施"研制计划**

2021 财年计划:"安全处理"领域,部署美国本土以外(OCONUS)的云原型系统;演示云存储以及在不同云之间的数据传输,在连接到云以及无法连接到云的情况下运行;将现有应用迁移到云中,并开发安全解决方案。根据 2021 财年计划,可以推测已经完成了美国本土(CONUS)云原型系统的部署。"数据管理"领域,开展数据管理的技术分析和原型设计,包括数据标记、数据托管以及元数据。

2022 财年计划:"安全处理"领域,继续完善美国本土及本土外的云原型系统,具体包括:增加更多的数据类型;跨密级的数据传输;建立数据和网络管理标准与工具;开发和托管本地云应用程序。"连接"领域,完善美国本土及本土以外的云与现有云之间的连接。"数据管理"领域,开展数据架构、数据标记和数据编排设计解决方案的开发和原型设计,使可用数据能在多级安全的云环境中显示、处理和传输。

**2. "能力发布"研制计划**

"能力发布一号"是先进战斗管理系统发布的首个可交付成果,形态是安装于 KC-46 加油机的新型吊舱式通信系统,可为作战人员提供首个安全的战术边缘节点。"能力发布一号"一方面将实现 F–22 和 F–35 之间的安全、弹性通信，另一方面通过卫星通信近实时地连接远程指挥控制节点，如空中作战中心和通用任务控制中心。"能力发布一号"计划于 2021 年招标，2022 财年部署。

"能力发布二号"将支持由美军北方司令部和北美防空司令部牵头的国土防御任务，旨在利用云计算、光纤网络、人工智能和其他新技术，加速指挥决策流程。

**（二）演习试验**

2019—2020 年，先进战斗管理系统已完成三次"高速公路驶入匝道"演习试验，展示系统产品中候选的技术解决方案。演习试验从最初的少量作战部队参与的小规模本土演练，逐步提升到多个作战司令部参与的、分散多地开展的大规模演习。2021 年，先进战斗管理系统演习试验改名为"架构演示与评估"（ADE），分别在 2021 年 2 月和 7 月举办了第四次和第五次演习试验。原定计划中的第六次太平洋演习试验由于经费削减而取消。

**1. 第四次演习试验：首次纳入美国以外的军事力量**

2021 年 2 月 22 日至 24 日，美驻欧空军司令部（USAFE）完成了先进战斗管理系统第四次联合演示试验。除美国陆、海、空军欧洲和非洲部队、美国战略司令部以外，英国皇家空军、荷兰皇家空军和波兰空军也参与了此次演习活动。本次演习首次纳入了美国之外"联盟"伙伴的军事力量，并展示了以新方式连接本地传感器和射手的各种技术。演习展示了针对动态瞄准、基地防御以及敏捷作战三方面的新能力。在基地防御场景中，空军研究实验室的"忍者"反无人机系统与安杜里尔公司的"哨兵"传感器塔进行连接，"星链"卫星通信系统则在本地系统和军事卫星之间传输了非密和机密的数据。一架 C–17 飞机还通过卫星通信将机密数据传输到苹果和三星平板电脑上,以便作战人员进行信息交互。

**2. 第五次演习试验:整合商业技术以实现决策优势**

2021年7月8日至28日,美国空军部首席架构师办公室完成了第五次先进战斗管理系统演习试验,美军所有11个作战司令部均参与演习活动,并与美国太平洋空军、北方司令部、美国国防部联合人工智能中心(JAIC)和国防部负责情报和安全的副部长办公室进行了合作。本次演习的综合目标包括:一是提高竞争和危机中全球行动的作战域感知;二是利用人工智能增加信息优势;三是制定可行的威慑行动方案来提高决策优势;四是通过快速的跨战斗指挥协作增强全球整合;五是通过集成、分布式、弹性的通信、计算和软件提高敏捷决策优势。

本次演习完成了先进战斗管理系统的多项实验,包括:与美国国防部联合人工智能中心合作,通过战略、作战和战术层面的软件应用人工智能来实现决策优势;采用商用成熟网络技术与商业通信路径,增加带宽、实现稳定连接并提高网络弹性,增强美国太平洋空军通信团队的能力;提高边缘计算和存储能力的灵活性,帮助作战人员在分布式作战期间访问任务应用程序;使用移动设备作为计算平台通过商业卫星和地面蜂窝网络运行机密应用程序,支持机密级的移动、中断和分布式操作;与DARPA合作,集成"异构电子体系技术集成工具链"(STITCHES)自动数据翻译和威胁跟踪融合的能力。

本次演习旨在整合商业技术以实现决策优势。美国空军部首席架构师办公室提供了资金、人员和技术,以支持第三次全球信息优势实验和"太平洋钢铁2021"敏捷战斗运用演习,并在演习中完成了人工智能、通信、边缘计算、移动设备、数据翻译和融合领域的5项关键技术实验,为先进战斗管理系统运用于实战奠定基础。

## 四、几点认识

一是先进战斗管理系统将全面提升美军全域指控能力。指挥控制能力是实现全域作战资源有效整合和高效利用的关键，先进战斗管理系统将成为美军联合全域指挥控制能力和技术发展的重要推动力。一方面，先进战斗管理系统通过采用多种传感器平台使能力分散化，进而实现指挥控制中心的强生存性，并提升全域感知能力；另一方面，先进战斗管理系统将分布式传感器与射手近实时地连接起来，实现跨军种的装备平台级消息转换与通信，并借助人工智能等先进技术加速指挥控制，使杀伤链的生成速度从分钟级缩短至秒级。随着先进战斗管理系统的持续完善和进化，将实现美军指挥控制能力的全面大幅提升。

二是先进战斗管理系统发展初步验证和实现了基于现有系统对装备体系"网络赋能"。先进战斗管理系统的开发未推倒现有系统，而是在现有系统之上，综合不同装备平台建立"系统的系统"。通过大数据、人工智能/机器学习、4G/5G、云服务、边缘计算等技术，为现有装备体系赋能，实现装备效能最大化。同时，在先进战斗管理系统框架下进行快速灵活的系统升级。

三是产品快速交付加速先进战斗管理系统功能实现。目前，先进战斗管理系统项目的重点已从快速技术开发转移至作战能力部署。在空军快速能力办公室的带领下，其研发和采办策略都有所变化。研发方面，从28种产品线全面并行开发和演示，转变为集中力量推进少数成熟产品快速交付。采办方面，从不采用传统采办路径，转变为回归传统采办、采用敏捷采办策略。探其变革原因，一是经过18个月的研制和演示，其技术能力趋向成熟，需求也愈发明确，具备了采用传统采办路径进行快速部署的条件；二是回应国会的质疑，为其下一步预算申请进行铺垫。根据美国空军计划，2022财年将购买4～10个"能力发布一号"通信吊舱，初始节点的建成将为未来的平台集成以及边缘网络的扩展奠定基础。

（中国航空工业发展研究中心　刘禹彤）

# 美国自适应发动机技术发展与应用分析

2021年5月和9月，美国通用电气（GE）公司和普惠公司分别宣布完成"自适应发动机转化项目"（AETP）第一台验证机地面测试，均达到原定燃油效率提升25%、推力增加10%的目标。下一步两家公司将继续开展第二台发动机的测试，美国空军也宣布将在2022年对两家的原型机进行为期一年的试验。自适应发动机概念从2006年由美国空军提出，经过15年的技术研究和验证，历经"自适应通用发动机技术"（ADVENT）计划、"自适应发动机技术发展"（AETD）计划和"自适应发动机转化"项目，到2021年终于实现了整机集成验证，技术成熟水平大幅提高，基本具备进入工程研制的条件。美国空军已经正式启动了面向下一代战斗机（简称"六代机"）的"下一代自适应推进"（NGAP）项目，开展原型发动机的设计、制造和评估，计划2027年实现飞行验证并达到可用状态。

## 一、美国通过多个验证计划扎实推进自适应发动机技术成熟

美国空军已经明确其六代机将采用自适应发动机，从2007年开始，先

后实施了多个项目推动技术验证和成熟，已经完成了整机地面测试，计划到 2027 年实现飞行验证。根据美国国防部预算拨款法案估算，到 2027 年美国空军在自适应发动机技术研发领域的投入将达到 46 亿美元左右。

美国空军自适应发动机研发的相关计划包括：

（1）"自适应通用发动机技术"计划（2007—2015 年），是"通用经济可承受先进涡轮发动机"（VAATE）计划的子计划，目的是实现自适应发动机核心机和关键部件技术的突破，由 GE 公司和罗尔斯·罗伊斯北美公司承担。

（2）"自适应发动机技术发展"项目（2012—2017 年），在 ADVENT 计划成果的基础上，完成自适应发动机验证机初步设计和核心机、关键部件的验证，目标是与 F135 发动机相比，燃油效率降低 25%，净推力增大 5%，加力推力增大 10%，航程延长 30%，由 GE 公司和普惠公司承担。

（3）"自适应发动机转化"项目（AETP，2017—2022 年），完成自适应发动机验证机的详细设计、制造和试验评估，技术指标与 AETD 项目相同，同样由 GE 和普惠承担。

（4）"下一代自适应推进"项目（2019—2027 年），开展用于美国空军六代机的自适应发动机原型机初步设计、详细设计、制造和评估，目的是到 2027 年为自适应发动机飞行验证做好准备。

美国自适应发动机设定的技术目标是相比 F135 发动机，净推力增大 5%，燃油效率提高 25%，可使飞机航程延长 30%；热管理能力显著提升，满足未来战斗机上新型传感器和定向能武器的巨大功率需求。通过这些验证计划，自适应发动机经过了关键技术研究和验证，技术成熟度逐步提高，目前正在开展的 AETP 项目终于实现了整机工程验证。

2021 年美国自适应发动机试验取得重要进展。2021 年 5 月，GE 公司宣布其首台三涵道自适应发动机 XA100 已经完成测试，所有的测试目标都已达到，并且实现了 AETP 项目的相关指标要求。该发动机于 2020 年 12 月开始进行高空模拟试验，一直持续到 2021 年 3 月下旬，GE 公司还演示了发动机的两种不同工作模式，以及在这两种模式之间的无缝转换。XA100 的首批测试结果超出了预期。8 月 GE 公司又启动了第 2 台 XA100 自适应发动机的整机高空台测试。GE 公司 XA100 发动机结合了 3 项关键创新：一是发动机自适应循环能力，既可以提供高推力模式以实现最大推力，也可以提供高效模式以实现最佳的燃油经济性和飞行时间，并具备在不同模式之间自动转换的能力；二是三涵道架构，提供了热管理能力的根本变化，热吸收能力增加 60%，可以使飞机任务系统的能力增长一倍；三是广泛使用先进的材料和工艺技术，包括陶瓷基复合材料（CMC）、聚合物基复合材料（PMC）和增材制造技术。2021 年 9 月，普惠公司表示，作为"自适应发动机转化计划"的验证机之一，第一台 XA101 在 9 月中旬完成的系列地面试验中取得了"惊人"的结果，成功实现了 AETP 的目标。第二台 XA101 发动机接下来将进入地面试验，进一步评估对新材料的使用，预计将在 2022 年年底完成对这两台发动机的测试。

## 二、美国自适应发动机技术转化路径分析

自适应发动机技术经过层层验证基本成熟后，下一步就面临着转化应用的选择。美国空军曾经在 AETP 项目启动时设想过 3 种技术转化路径：直接用于 F-35 发动机升级，缩放通用核心机用于六代机动力，以及缩放核心机或部件用于 F-22、F-15、F-16 等现役飞机发动机改进。当前，自适应发动机技术已经基本成熟，在转化应用到哪种飞机和发动机成了各方

关注的重点，也爆发了巨大的争论。

**（一）F-35换装自适应循环发动机各方意见不一**

到2021年底，美国空军在役的F-35超过300架，但却长期因发动机交付延迟和故障频发导致大面积停飞。同时，美国空军还计划对F-35进行重大升级，现有的F135发动机无法满足更高的推力、功率和冷却能力需求。此外，F135发动机即将迎来第一波2000小时的大修，这些因素叠加促使美国国防部开始考虑对F-35战斗机的动力进行升级或替换。

美国众议院在2021年8月提交的2022财年国防拨款法案草案中，要求国防部提供一份采办策略，用于AETP推进系统持续研发和集成，并从2027财年开始用于F-35A战斗机。美国空军则表示非常关注AETP发动机的测试，分析表明其能够显著增加飞机航程、性能和热管理能力，并满足后续升级的要求。F-35项目将持续密切关注AETP的进展，一旦空军的需求明确，将考虑对AETP配装F-35进行评估。但空军内部也有意见认为AETP与现有发动机在结构和技术上差异较大，因此不太可能用新的动力装置对现有战机进行改造。同时由于这种发动机并不适用于其他军种和其他国家的F-35，空军想将AETP发动机用于F-35A上，就得自行承担全部研发和集成费用。

作为AETP项目的承担方，GE公司表示能够满足众议院提出的时间表，但这种发动机无法满足F-35B的要求，如果改进的话会大大超出众议院设定的预算和时间表。普惠公司则表示F-35A换装自适应发动机会使整个项目的全寿命周期成本增加400亿美元，而且会造成整个机队同时运行两种不同的发动机，增加了生产、维护和培训的重复基础设施的成本。普惠公司一直在努力推动F135改进，2021年9月提出的F135"增强型发动机套件"（EEP）可在提高推力和热管理能力的同时，大幅降低采购和维修成本，并在 2028 年无缝接入现有的生产线（图 1）。

图 1　普惠公司提出的 F135"增强型发动机套件"

综合分析各方的反应可以看出，F-35 发动机能力的提升是必须实施的，但升级和换发两种途径各有优劣，升级成本低、见效快、潜力小，换发收益高、成本高、时间长，而且尽管众议院对换发颇为积极，但国防拨款法案还需要参议院和总统审议，能否保留对 AETP 项目的预算尚未可知。同时，国会和国防部还可以利用普惠公司的心理，以推动 AETP 发动机竞争为筹码，压迫普惠公司拿出成本更低、性能更好、进度更快的 F135 改进方案。因此 F-35 发动机能力提升途径相对来说 F135 升级的可能性更大一些，而 AETP 项目从费效比的角度并不划算。

（二）AETP 发动机无法直接用作六代机动力

尽管在 F-35 换发中屡屡成为各方的焦点，但 AETP 项目的最核心目的仍然是为用于六代机的发动机提供低风险的技术储备。其主要任务是设计和制造飞行重量的自适应发动机原型机，完成部件试验评估和性能表征，并为制造工艺改进提供信息。原型发动机将开展海平面、高空等多种条件和耐久性评估来演示燃油效率的提高、推力的增加和新的部件技术，从而对性能以及热管理、可靠性和可支持性等领域的风险进行量化。

尽管 AETP 项目伊始美国国防部给两家企业的合同都不到 10 亿美元，但到 2020 财年空军提交的预算中，整个项目的预计经费合计达到了 30.9 亿美元。到了 2021 财年预算中，AETP 所属的预算项目下新增了"下一代自适应推进"项目，并编列了从 2019—2024 财年总计 12.7 亿美元的经费预算。同时 AETP 的经费相比此前的预算发生了大幅下降，2021 财年甚至只有原计划的三分之一左右。相应调减的经费则分配给了 NGAP，二者总和相加仍接近 34 亿美元（图 2）。

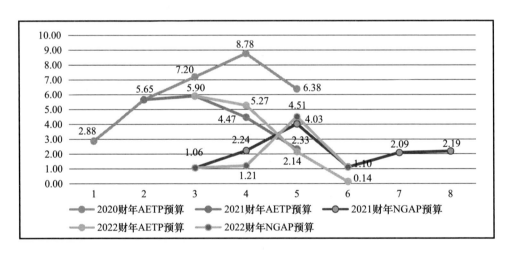

图 2　AETP 和 NGAP 项目预算变化情况

新增加的 NGAP 项目任务是开展能够满足下一代空中主宰（NGAD）能力的飞行重量自适应发动机原型设计和部件风险降低工作，演示可以通过缩放满足 NGAD 发动机尺寸要求的自适应发动机技术，同时确保适当的制造和技术就绪水平。2016 年 GE 公司和普惠公司获得的 AETP 合同中都包含了 NGAP 任务的选项，一旦六代机需求确定就立刻激活。因此美国空军六代机需求 2019 年 5 月确定后 NGAP 也随之启动，可以看出 AETP 发动机并不能直接满足六代机的需要，必须由全新的 NGAP 来满足尺寸要求，说明六代机动力的大小与 AETP 相去甚远，无法由后者简单"缩放"来实现。

从以上分析可以看出，AETP 项目本来就是为了在六代机需求尚未明确的情况下，临时以 F-35 为配装对象设计的自适应发动机验证机。而在需求明确且与其差异较大时，AETP 也就完成了其历史任务。也正是在这种情况下，美国参议院提出了将 AETP 发动机用于 F-35 换发的建议，并为此增加了 AETP 项目的经费预算。只不过 AETP 发动机只适合 F-35A，与其他机型适配难度过大，难以撼动 F135 的正统位置，美国空军也不可能同时研发两种大小不一、性能相近的六代机发动机，最终 AETP 直接转化为型号的概率很小。

**（三）NGAP 发动机将成为美国空军六代机的正选动力**

在美国空军 2022 财年的预算申请中，NGAP 的工作内容包括初始设计、初步设计、自适应原型计划、详细设计、发动机制造、发动机评估共六部分，从 2020 财年第一季度一直持续到 2026 年第四季度。在研制策略上，先由 GE 公司和普惠公司两家公司开展需求分析（初始设计）和方案设计（初步设计），结合 AETP 发动机的实测结果，到 2022 财年进行对比，最终选择一家进入详细设计阶段。

NGAP 的周期尽管只有 7 年，但结合空军"数字化百系列"战斗机概念和美国国防采办流程创新，六代机动力的研制进度有能力大幅加快。"数字化百系列"战斗机概念通过应用敏捷开发、数字工程和开放式架构，实现快速迭代发展。具体来说：不再强调经久耐用，只求在 10~15 年里保持足够先进；不再强调性能上均衡的全面领先，只要关键技术到位，就着手研发和装备；不再强调规模经济，可能每年订购 24 架，只持续 3~5 年，总数不超过几百架，但利用数字化设计与制造、3D 增材制造降低成本。按照这一理念，美国空军在 2019 年 5 月完成 NGAD 的备选方案分析，到 2020 年 9 月就完成首架验证机试飞，仅仅用时一年多，充分体现出数字化研发的优势。

美国国防授权法案也提出，期望国防部对 AETP 配装 F-35A 采用"中间级采办"以实现快速原型和部署进行评估，这也是 AETP 能在 2027 年服役的关键。"中间级采办"模式是美国国防部 2018 年在国防采办程序中增加的，包括采用创新性技术在 5 年内开发出原型机的快速原型项目，和采用经过验证的技术在 6 个月内投入生产并在 5 年内完成部署的快速部署项目。这种采办模式能够实现技术的快速验证和转化，与"数字化百系列"的数字化快速研发不谋而合。预计美军很有可能在六代机动力研发中采用"中间级采办"，从而实现到 2027 年实现飞行验证并达到可用状态（图 3）。

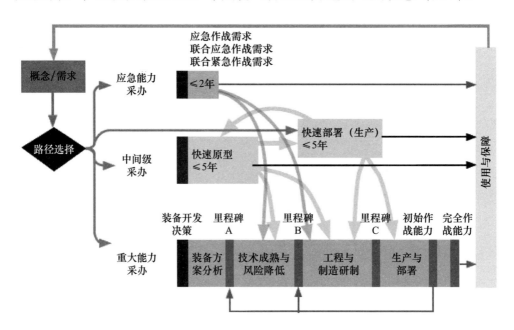

图 3　美国国防采办流程"中间级采办"路径

前述分析可见，NGAP 发动机的推力等级与 AETP 存在较大差异。据美国《航空周刊》报道，NGAP 的尺寸更可能支持下一代双发战斗机，推力可能会明显低于 F119 发动机。而美国空军表示 NGAD 可能是包含多种机型的"系统簇"概念，且单个机型并不强调全面领先，其推力的需求可能会大幅下降，但对研制进度和数字化程度的要求会大幅提高。此外，NGAD 首架验证机从研发到首飞仅用时一年多，其动力必然在当前在产且推力适当的发动机中选择。目前美国空军仍在接收的战斗机发动机仅有 F135 和 F110/F100 两种级别，F135 推力与 AETP 接近，且明显高于 F119，可供选择的就只有 129 千牛的 F110 和 F100 了。即使扩大到美军其他军种，也只有推力 98 千牛的 F414 发动机。因此，可以初步判断 NGAD 验证机有可能采用两台推力在 100～130 千牛的发动机，而 NGAP 的推力级别也不会相差太大。

## 三、几点启示

### （一）美国有条不紊持续推进先进动力技术预研

美国在自适应发动机技术预研方面持续了 15 年时间，开展的几个计划并不严格接续，而是根据技术验证进展、需求明确程度和保持工业基础的需要及时启动下一个项目的工作，并通过多家竞争实现技术创新和工业能力的保持。实际上，AETD 和 AETP 是将自适应发动机工程验证机研发分成了两个阶段，是在美军六代机需求尚不明确的情况下，给前期并未参与预研工作的普惠公司足够的时间追上 GE 公司的进度，以保持相对公平的竞争态势。通过这种方式保证了自适应发动机技术验证层层深入，能力稳步提升，为六代机 2030 年按期服役打好基础。

## （二）美国对先进技术转化应用并不单纯依靠背景需求牵引

自适应发动机技术在提出的时候主要针对的是下一代战斗机的作战场景，但也考虑了其他类型平台的需求。在技术验证逐步深入的过程中，其需求也越来越聚焦战斗机动力的升级跨代。在六代机动力需求迟迟不明确的情况下，美国空军暂时以 F-35 为配装对象开展了自适应发动机的工程验证。而在六代机动力需求明确且与工程验证机推力等级差异较大的背景下，美国空军果断另起炉灶，开展了适用于六代机的 NGAP 项目，而对 AETP 也本着物尽其用的原则计划将其用于 F-35 换发，或者充分利用其技术用于 F135 改进，最终美国自适应发动机技术的转化应用可能会是明修栈道（AETP）、暗度陈仓（NGAP、F135 改进）。

## （三）美军下一代战斗机动力研发可能会采取非常规模式

一直以来，外界对美军下一代战斗机及其动力的图像都基于 AETP 给出的指标，即推力比 F135 还要进一步提高，飞机的体格也会进一步增大，以适应超远程穿透性制空等作战场景。而随着美军采用数字化敏捷研发和"中间级采办"等创新途径，下一代战斗机有可能是多种机型的系统簇，对发动机的推力、自适应能力、数字化程度、寿命等需求也都会发生重大变化，而研发进度则大大加快，预计到 2027 左右就完成工程研制，这对于战略对手的研判和应对会造成极大挑战。

（中国航空发动机研究院　晏武英）

# 美国空军研究实验室"敏捷吊舱"发展分析

2021年11月,美国空军研究实验室在T-38C教练机上配装"敏捷吊舱",内装新型定位导航设备,成功进行了不依赖GPS的定位、导航与授时试验。"敏捷吊舱"是美国空军开发的开放式、标准化、多情报源、可重构吊舱,适装多种有人机/无人机平台,先前已对多种侦察监视配置进行试验。本次试验又一次证明了该吊舱具有很好的灵活性,为便捷更换舱内载荷提供多种能力。

## 一、开发与试验进展

美国空军于2015年首次提出"敏捷吊舱"(AgilePod)概念,其愿景是构建一个开放式架构、多任务、各类平台通用的吊舱,且全部数据权利和技术基线都由空军持有,从而提高使用灵活性,同时降低采购和使用与维护成本。当前,美国空军正开发多种尺寸和配置的"敏捷吊舱"系统簇,在MQ-9无人机上进行了多次情监侦飞行试验,并开展了不依赖GPS的定位导航授时试验。

### （一）开发多种尺寸和配置的"敏捷吊舱"系统簇

2016年年底，基于美国空军研究实验室的设计，KeyW公司（现为雅克布斯工程公司）交付了截面边长为30英寸（762毫米）的"敏捷吊舱"原型（AgilePod® 30）。该原型已实现以下功能：在单个吊舱中可同时携带多个传感器；可在多型飞行平台上使用同样的吊舱，几乎不需要重新配置。此外，100多名吊舱开发人员、传感器设计人员以及平台集成商都可共享其技术数据包，使吊舱可与平台及吊舱所搭载的传感器进行虚拟匹配。此后，美国空军拓展该吊舱尺寸范围和配置，迄今已开发出至少5种不同设计的原型吊舱。2019—2021财年，美国空军共投入约917万美元研发"敏捷吊舱"，并计划在2022—2023财年继续推进发展截面边长为16英寸（406毫米）、26英寸（660毫米）和36英寸（914毫米）3种尺寸的"敏捷吊舱"系统簇，以满足美国国防部的大部分快速部署需求。

### （二）在MQ-9无人机上进行多次情监侦飞行试验

2016—2017年，美国空军研究实验室先后完成了"敏捷吊舱"的地面试验、配装DC-3运输机和"蝎子"轻型攻击机试飞等工作，为在美国空军现役军机上试飞做准备。2018年3月，美国空军寿命周期管理中心传感器项目办公室和中高空无人机系统项目办公室与美国空军研究实验室合作，进行了三次MQ-9"死神"无人机挂载"敏捷吊舱"的飞行试验，这是该型吊舱首次挂载于美国空军主要武器系统进行试飞。在这些试验中，除美国空军外，雷多斯公司促进了开放式架构传感器的集成，代顿大学研究所测试了用于传感器指挥控制的开放软件，亚当工厂负责了试验用"敏捷吊舱"的制造，通用原子公司将MQ-9无人机与吊舱进行了集成。这些试验主要演示了"敏捷吊舱"用于情监侦任务的能力，这也是其初始设计用途。

### (三) 开展用于不依赖 GPS 的定位导航授时试验

2021 年 11 月开展的不依赖于 GPS 定位导航授时技术试验实现了三项重要目标：首次在高动态范围平台上集成试验、基于全远程接口和可替代定位导航授时系统的数据传输；陆上/水上能力转换演示。此前，美国空军于 2021 年 4 月进行了机载试验台飞行试验及"敏捷吊舱"与 T-38 飞机集成等先期试验。不依赖 GPS 定位导航授时配置的"敏捷吊舱"利用其开放式任务系统架构，集成视觉导航、机会信号和地磁导航等设备，证明了融合全源导航技术的系统可内置于吊舱，并在装机条件下正常运行；同时探索了美国空军未来在 GPS 拒止环境下的作战构想，有助于提高其在强对抗环境下的任务能力和效率。

## 二、主要特点分析

"敏捷吊舱"的主要特点即是其名称中的"敏捷"，主要体现在"敏捷设计""敏捷制造"和"敏捷运用"三方面。

### (一) 敏捷设计，采用标准结构和接口

"敏捷吊舱"采用了模块化开放式系统架构，便于根据要求快速灵活定制载荷（图1）。首先，吊舱由类似"乐高积木"的标准化隔舱模块组成，包括鼻舱、尾舱，以及长度 60 英寸（1.524 米）中心隔舱、45 英寸（1.143 米）中心隔舱、33 英寸（838 毫米）转塔隔舱和 28 英寸（711 毫米）转塔隔舱等，中心隔舱和转塔隔舱可单独或组合配置，再与鼻舱和尾舱组合，形成完整吊舱。在初始设计中，隔舱之间互相封闭，但研究人员发现内部隔板壁会阻碍空气流动并增加重量，因此重新设计为开放式。此外，每个隔舱都采用了标准化的硬件和软件接口，即美国汽车工程师协会

(SAE)机械机载光电/红外系统接口标准(AS6169)和电气机载光电/红外系统接口标准(AS6129)。

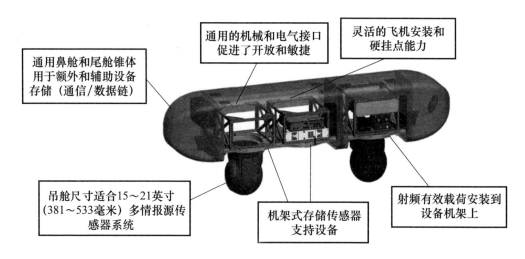

图1 "敏捷吊舱"模块化开放式系统架构示意图

## (二)敏捷制造,基于数字线索

"敏捷吊舱"在设计、分析、构建和生产过程中采用了"数字线索"。"数字线索"是基于模型的系统工程分析框架,利用先进的建模与仿真工具建立技术流程,提供访问、综合并分析系统寿命周期各阶段数据的能力,实现"全部元素建模定义、全部数据采集分析、全部决策仿真评估"。"敏捷吊舱"充分利用了基于模型的设计,包括用于气动载荷估算的计算流体动力学和用于结构分析的有限元建模,有助于在设计迭代期间进行工程决策。此外,通过使用通信与协作工具和"产品交换标准"(STEP)文件交换格式,实现了"敏捷吊舱"团队成员之间的快速信息交互;通过使用SolidWorks公司的企业产品数据管理数字化环境,实现了传感器舱支架快速重新设计,节省了制造时间和成本。

### （三）敏捷运用，支持配置重构

"敏捷运用"是"敏捷吊舱"的核心能力，具有三大特点：一是多情报源，可支持多类传感器和设备，包括高清视频、光电/红外传感器，雷达、通信、电子战、导航设备等，一个吊舱"可执行数百种不同的任务集"；二是多平台安装，可安装在不同的飞机平台上，目前已在无人机、运输机、攻击机等平台上进行了飞行试验；三是飞行中可重新配置，可在飞行中即时调整任务和重新配置参数，通过对多模式雷达、电子战系统和通信系统等有效载荷进行快速定制，以满足不断变化的任务需求。因此，"敏捷吊舱"可在作战或试验中发挥其独特优势。当前作战飞机上的传感器功能是为特定任务而构建的，如使用专有软件和硬件进行近距空中支援或瞄准，而"敏捷吊舱"即时调整任务的能力可有效提高灵活性并节约成本。另外，该型吊舱也可用作技术集成和转化试验平台，其即插即用和快速定制特点将大幅提升效率、降低成本。

## 三、几点认识

一是"敏捷吊舱"体现美军发展机载吊舱的重要趋向。2016 年至今，美国空军研究实验室持续推进"敏捷吊舱"研发，已跨越技术创新的"死亡谷"，实际演示了多型飞机平台、多种任务适用性，预计未来可扩展演示用于通信中继、电子战等任务。该型吊舱体现了美军发展灵活、低成本机载吊舱的重要趋向。

二是重视模块化开放式系统架构、数字工程等在新型航空装备中的运用。"敏捷吊舱"在设计中采用模块化开放式系统架构，设计模块化组合隔舱，隔舱之间使用标准化接口，在寿命周期中应用"数字线索"，大幅降低研制周期和成本，且有利于快速集成各类新技术、拓展新用途。

三是通过技术数据共享促进创新和择优。"敏捷吊舱"是首个被美国空军注册商标的物理系统，美国空军代表政府，拥有全部数据权利与技术基线。为促进商业公司的竞争并收集有益反馈，美国空军研究实验室与多家商业公司签订协议，以共享"敏捷吊舱"技术数据包。技术数据包中包含数据、模型、图纸、相关列表、规格、标准、性能要求、软件文档和封装细节等内容，有助于商业公司开发与空军技术兼容的产品和系统。

（中国航空工业发展研究中心　刘禹彤）

# 美国空军"金帐汗国"项目完成第一阶段飞行演示

2021年5月,美国空军"金帐汗国"自主弹药蜂群项目成功完成第一阶段全部试验。在最后一次即第三次飞行试验中,两架F-16战斗机分别投放2枚和4枚"合作式小直径炸弹"(CSDB),随即弹间以及弹与地面建立无线电通信,飞行中实施高优先级目标重新规划,最终实现多弹同时命中多个目标、双弹同时命中同一目标。第一阶段试验结束标志着该项目已经取得重要进展,实现了从技术开发到成果演示的突破。9月,美国空军研究实验室宣布该项目转向开发"斗兽场"数字化武器试验环境,在"实况-虚拟-构造"(LVC)环境中快速开发与演示验证组网合作与自主武器技术。

## 一、项目概述

"金帐汗国"项目旨在将不同类型现役弹药,进行数据链升级、任务规划算法集成等技术改进,探索用较低的成本,实现现役多型机载武器网络化协同、高效饱和打击等功能,为美国空军提供新的目标打击手段。

按照美国空军研究实验室的科研布局,"金帐汗国"项目将对此前通过"灰狼"项目储备的弹药自主和联网等技术进一步开发,并在"小直径炸弹"、AGM-158"联合空地防区外导弹"、ADM-160"微型空射诱饵"弹等现役机载武器上进行验证,使这些武器在发射后能自主协同规划打击行动,并可在攻击过程中向指控节点回传情报、监视与侦察信息。

"灰狼"项目瞄准的是压制和摧毁敌防空的组网协同低成本巡航导弹。2016年4月美国国防部发布一份武器技术规划,将"对抗一体化防空系统"列为美军防御性作战任务之一。针对该任务,美国空军先后安排了低成本巡航导弹和"灰狼"技术演示验证项目。其中,"灰狼"项目除了拟发展低成本"灰狼"导弹外,还计划开发并验证弹药网络化协同打击技术。2019年,美国空军决定仅完成"灰狼"项目已安排工作,未启动的工作则后续不再推进,将弹药网络化协同打击技术的验证工作全盘移植到基于现役武器的"金帐汗国"项目。

2019年3月,美国空军授予科学应用研究联盟公司合同,开展"金帐汗国"项目技术验证;6月美国空军正式公布"灰狼"项目下马和已经启动"金帐汗国"项目的消息。按当时计划,美国空军将联合美国国防高级研究计划局和多家企业共同实施"金帐汗国"项目,并于未来一年内进行首次演示验证。11月,美国空军将"金帐汗国"列为其首批"先锋"项目。美国空军在2019年发布的《美国空军2030科技战略》中首次提出"先锋"项目,意在打造从技术开发、演示验证到形成装备的"直通车"项目,优先发展"大幅改变空军作战样式和空中力量运用方式"的能力。

## 二、演示情况和主要特点

### (一) 演示情况

从 2020 年 12 月至 2021 年,"金帐汗国"项目已经成功完成了 3 次演示试验,顺利结束了该项目第一阶段的演示验证任务。首次弹间合作飞行演示试验,成功实现了弹间联网和合作识别;第二次飞行试验,4 枚"合作型小直径炸弹"同时命中了 4 个不同的目标;第三次试验,实现了同构自主弹药蜂群组网合作打击。

**1. 美国空军完成"金帐汗国"自主弹药蜂群首次技术演示**

2021 年 1 月,美国空军研究实验室宣布,已于 2020 年 12 月 15 日完成"金帐汗国"项目首次弹间合作技术飞行演示。试验中,一架 F–16 战斗机投掷的 2 枚"合作式小直径炸弹"建立了弹间通信,并合作发现了两个高优先级目标。此次演示的弹间合作技术使用了新型"GPS 干扰寻的"导引头,还配有用于弹间通信的软件定义无线电和预置了合作算法的处理机。

**2. 美国空军成功完成"金帐汗国"自主弹药蜂群第二次技术演示**

2021 年 3 月 5 日,美国空军研究实验室宣布"金帐汗国"项目于 2 月 19 日完成第二次演示。在此次试验中,AFRL 使用一架 F–16 战斗机投放了 4 枚"合作式小直径炸弹",数量较首次飞行试验增加 2 枚。4 枚 CSDB 建立了相互通信,识别了突然出现的目标,并根据预设的交战规则,对多个目标进行了自主评估和分配,最终以"命中时间同步"模式完成打击。

**3. 美国空军完成双机投放自主弹药蜂群组网合作打击试验**

2021 年 5 月 26 日,美国空军研究实验室宣布"金帐汗国"项目已完成第三次飞行试验。试验中,两架 F–16 分别投放 2 枚和 4 枚"合作式小直径炸弹",随后在弹间及与地面站间建立无线电通信,并实现飞行中重新规划高优先级目标、多弹同时命中多个不同目标、双弹同时命中同一目标等试验科目,表明该武器可接入更大的"联合全域指挥与控制"网络,为未来开发"网络化、合作和自主"(NCA)武器技术奠定了基础。

## (二)主要特点

美国空军希望通过"金帐汗国"项目加快精确制导弹药联网技术成熟,最终在作战时实现现役机载精确制导武器自主规划任务、自主规划航迹、自主攻击目标,同时向其他弹药和飞行员提供信息反馈,其作战过程如下:4枚"小直径炸弹"分两组先后脱离载机,间隔4分钟,首组两枚对目标A实施了有效毁伤,弹群可以向其他弹药反馈打击效果评估,仍在滑翔中的另外两枚"小直径炸弹"可实时调整路径并转向攻击目标B。在这种作战模式下,弹药将能够打击最适合的打击对象和避免重复攻击,从而提高弹药的杀伤效果。

从"金帐汗国"项目情况看,美国空军精确制导弹药联网作战使用将使相关机载武器呈现出自主规划攻击任务、网络化灵活协同作战、多型号异构集群作战等特点。

### 1. 自主规划攻击任务

精确制导弹药发射后能够根据弹载传感器和数据链信息,掌握战场态势,进行目标排序、分配、航迹规划,自主规划攻击任务。在弹群实施攻击中,根据战场态势变化,进行目标再分配和航迹再规划。

### 2. 网络化灵活协同作战

不同的精确制导弹药单元通过数据链实现联网,根据作战任务、作战目标的变化,弹间可以通过网络协同,按照最佳的打击策略,实现最好的打击效果。

### 3. 多型号异构集群作战

"灰狼"项目中,联网的武器单元均为"灰狼"导弹,属于单型号同构集群。而在"金帐汗国"项目中计划联网验证的是"小直径炸弹""联合空地防区外导弹"和"微型空射诱饵"3种类型的机载武器,作战运用中属于多型号异构武器组成的集群。相比之下,异构集群武器单元功能多样、战术性能指标高低兼具,能够适应多样化的作战环境和条件,可最大化发挥武器弹药的作战效能。

## 三、几点认识

### (一)"金帐汗国"项目将使美国空军的武器资源获得优化,实现多手段突防打击

"金帐汗国"项目所采用的多弹协同,可以全维度提升攻防对抗能力,如增强感知探测、饱和突防、集群干扰压制、协同打击等,以体系完备性获取信息优势、决策优势和行动优势,可在复杂难测、高危险性、电磁领域争夺激烈、目标动态改变条件下实现对指定区域的可靠弹药投送与有效毁伤。

"金帐汗国"项目的目标是使三种现役精确制导武器实现联网协同精确打击,这三种弹药的作战对象、射程和毁伤效果各不相同。ADM-160"微型空射诱饵"作为一种电子对抗方式,可以多个假目标使敌方监控雷达达到饱和,有效破坏敌方防空火力;"小直径炸弹"采用多模导引头,体积小、重量轻,能够在每一架次飞行中攻击多种和多个面目标;AGM-158"联合空地防区外导弹"射程大,具有隐身能力,能够在防区外对高价值目标实施打击。因此,"金帐汗国"项目的实施,将能够使美国空军对敌方的一体化防空系统实现多手段的突防打击。

### (二)"金帐汗国"项目通过加快技术转化应用方式,推进现役装备能力升级

美国空军下马"灰狼"项目,启动"金帐汗国"项目,意在加快精确制导弹药联网技术发展。"灰狼"项目中,"灰狼"导弹为新研,项目周期5~7年;而"金帐汗国"项目中各型武器均为成熟现役装备,因此一年内就能实现首次演示验证,项目周期大大快于"灰狼"项目。

"金帐汗国"项目基于现役的三种型号,将网络协同技术、自主技术等新技术植入,集成为一个新的系统,形成具有更高水平的自主协同攻击武器,可以快速提升装备性能、有效降低成本。因此,"金帐汗国"通过加快技术转化应用方式,改进性能、提高作战效能的发展模式,既能够有效降低成本,也能够大大提高作战效能,从而推进现役装备能力升级。

### (三)"金帐汗国"是美国空军逐步实现武器网络化协同技术愿景和自主技术发展路线图的重要实践

2015年,美国空军研究实验室发布《美国空军的武器愿景和任务》,该文件明确指出"网络化一体化攻击""自主化"和"武器的经济可承受性"是美国空军武器发展的重要领域,这表明美国空军未来的武器将会具有网络化、智能化和低成本等特点。

2017年4月,美国空军发布《空军科学技术项目》PPT,推出了美国空军"自主技术"路线图。揭示了当前、2020年和2030年后"三阶段"的发展现状、目标和主要内容:2020年,美国空军希望能够真正获得智能化操作,在"感知→处理→决策→实施"整个过程中,借助智能化技术,实现杀伤链的闭合;2030年后,美国空军希望能够实现在"反介入/区域拒止"环境下作战任务的持续、不间断执行,主要是通过两种方式,方法之一就是多个异构单元共同讨论并在遵循交战规则的条件下共同完成指挥员

意图。异构意味着多个平台可以是有人机、无人机、武器等，这些异构平台以不同的类别和不同的数量共同组成"处理、决策和实施"的集合体（即集群），在接受指挥员指令后，能够在整个集合体（集群）范围内进行优化处理、提出实施方案并组织实施。

"金帐汗国"项目所要求的联网、协同、自主、异构，都是美国空军技术发展和技术规划的重点，尤其是自主技术的应用，完全契合了美国空军自主技术路线图的规划意图。因此，"金帐汗国"项目是美国空军技术愿景和技术发展路线图逐步实现的具体体现。

**（四）武器的网络化协同打击技术已经成熟，进入从同构到异构的演示验证阶段**

比对"灰狼"和"金帐汗国"项目可发现，"灰狼"项目的目标是发展基于同一类平台的同构导弹集群的网络化协同打击能力，而"金帐汗国"项目是发展基于不同种类平台的异构武器集群的网络化协同打击能力，二者的系统组成和所验证的技术水平有着较大的不同，异构武器集群的网络化协同打击技术的难度和复杂度都要大大超出同构导弹集群的网络化协同打击技术。

从"灰狼"到"金帐汗国"，从同构导弹集群到异构武器集群，这意味着：网络化协同打击技术已大大进步，能直接在较短的周期内实现从单一型号到不同型号机载武器的弹间联网能力。因此，美军武器的网络化协同打击技术已经成熟，已经进入了从同构到异构的演示验证阶段。

（中国航空工业发展研究中心　闫娟）

# 美国空军"实况-虚拟-构造"技术发展分析

"实况-虚拟-构造"(LVC)是一种仿真技术。其中"实况"是指真实的人操作真实系统参加的建模与仿真(如飞行员驾驶飞机);"虚拟"是指真实的人操作仿真系统参加的建模与仿真(如飞行员驾驶模拟器);"构造"是指仿真的人操作仿真系统参加的建模与仿真(如目标生成工具)。近年来,美国空军大力发展LVC仿真技术,并向训练等领域推广应用。2021年8月,美国空军授予红6公司一份5年7千万美元的合同,将机载战术增强现实系统(ATARS)集成到用于训练战斗机飞行员的T-38教练机。该增强现实系统可将生成的假想目标投射在特制的飞行员眼罩上,模拟真实空战,将大幅提升训练效率。LVC仿真技术逐步应用到空战人员训练过程,将有效提高训练和试验的效能和效费比,形成支撑复杂对抗场景下联合跨域协同作战训练的能力。

## 一、发展动因

为持续增强空中作战优势,备战大国战争,美国空军将LVC仿真技术应用于开展强对抗作战环境下的航空兵对抗训练,以及航空装备的研制试验和作战试验。

### (一) 支撑备战大国战争的航空兵对抗训练

长期以来,采用实兵实装对抗的日常训练、军事演习是美军维持战斗力和提高体系对抗能力的主要训练手段,但在备战大国战争时暴露出诸多问题,难以满足强对抗条件下作战的需要。

一是训练强度不够。美国空军以往采用的以实装和实际作战环境为主的训练手段,极易受物理条件限制,对装备转场、部队集结也有较高的要求,限制了演习演训频次和强度。

二是训练成本高昂。美国空军开展大规模的对抗训练,需要调集各地的兵力集结到阿拉斯加试训综合体、内华达综合靶场等同一个靶场中,受部队转场调动、燃油弹药消耗、装备损耗折寿的影响,演习成本高昂。

三是训练架次不足。美国空军现有的飞行训练架次受到战备、作战、预算等各种因素影响,不能满足实战化训练架次的需求。以美军五代机训练架次需求为例,五代机的训练任务复杂,其实际训练架次需求已是批复架次的两倍以上。随着 F-35A 机队规模持续扩大,到 2030 年前美国空军训练架次缺口将进一步扩大(图1)。

美军认为 LVC 仿真技术可有效解决美国空军面临的上述问题,并有可能替代传统训练装备成为美国空军最主要的训练手段。美国国防部在 2006 年 5 月发布的《训练与转型战略计划》中提出了训练转型要求,并将 LVC 作为训练转型基础。

### (二) 助力航空装备作战试验和研制试验

美国国防部早在 1991 年提出的《试验与评价核心投资计划》中下设的基础倡议 2010 子计划中,就强调了 LVC 用在试验领域的必要性。美国空军

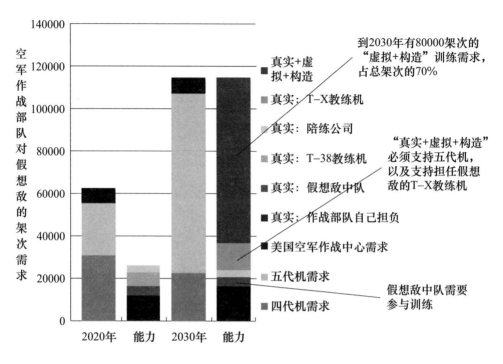

图 1 美国空军 2030 年训练架次需求

也认为 LVC 技术有望满足试验鉴定对复杂性和保真度的要求，大幅增强对复杂装备的试验能力，很早着手开展能力建设。美军高度关注体系作战能力，注重通过研制试验和作战试验确保装备之间的有效协同，使整个体系最优化，提升装备的体系贡献率，达到"1＋1＞2"的整体效果。围绕体系作战能力设计、验证、生成和优化，小规模的试验往往不能体现和反映体系运行和实战效能，无法发现装备在体系作战中的能力边界。例如，美军在总结 F－22 的作战试验鉴定时就提出，五代机任务系统功能复杂，试验成本高但还不全面，且不是所有试验都能通过传统飞行试验完成，也即五代机及其后续机型对于研制试验、作战试验的环境丰富度和复杂性远远超过前几代战斗机。面对这种挑战，美国空军需要持续发展 LVC 仿真技术，满足航空装备试验需求。

## 二、发展现状

美国空军已初步构建了 LVC 仿真技术训练体系，逐步用其替代一些传统的训练和试验手段。

### （一）初步构建形成技术应用体系

美国空军形成了由实装端机载训练系统、虚拟端地面模拟训练系统和构造仿真环境组成的 LVC 仿真技术训练体系。其中，机载和地面系统不断强化实装（L）与构造（C）的结合，形成低成本的模拟实战对抗训练模式；后者基于构造仿真和模拟器技术的提升，扩展训练功能和强化模拟逼真度，形成了覆盖不同等级演训任务的 VC 结合空战训练解决方案。

**1. 仿真架构**

LVC 仿真技术架构以网络为中心，通过通用架构（含协议、规范标准和接口等）将机载训练系统、模拟器和虚拟环境结合起来，进行数据收集、管理、检索、实时交换等。美军通用架构根据用户需求和技术开发，基本确定以 DIS、HLA、TENA 为主的标准协议体系。上述三者是美国国防部用以指导应用的仿真架构，互相不可替代。

DIS 主要任务是链接分布式的仿真实体交互，采用网络与仿真器集成、仿真器交互对等的思路。仿真时间采用本地管理，每个仿真实体按照自己的步长推进时间。在广域网中存在高延迟的可能，更适合在小范围局域网运行，在小型实验室中的应用较多。

HLA 是一个通用分布式仿真架构，没有任何专门针对作战建模的具体特征，但非常适合用于作战建模的实现，它为仿真系统组成的集合定义了框架，为仿真系统运行时基础架构（RTI）提供服务，并使用对象模型模板（OMT）定义系统间的交互数据。

TENA 的设计目的是为美军建立一个能在各个试验靶场、训练靶场、试验室和仿真设施之间实现共享、重用和互用的体系架构（图 2）。它通过使用大规模、分布式、实时的综合环境，促进了基于采办的集成测试和仿真。该综合环境融合了测试、训练、仿真和高性能计算，使用公共架构，实现在"逻辑靶场"上将真实的装备之间、真实的装备与仿真武器和兵力之间进行交互，并且不受地域和空间的限制。TENA 更聚焦于试验与训练仿真环境的架构建设，是美国国防部构建"联合任务环境试验能力"的核心使能技术。

**2. 机载训练系统**

美国空军现役机载训练系统以 P5 为主，2005 年开始服役，支持超过 30 型军机，覆盖北约组织及其他盟国的第四代战斗机和部分第五代战斗机，在全球范围内已部署超过 2000 套（图 3）。该系统包含机载吊舱子系统、地面站控制评估子系统和远程数据链通信模块，支持空对空、空对地、地对空和基于航母平台的海上空战演训。该系统至少可支持 72 架高机动作战飞机组训，能够提供 148 千米的空对空和 231 千米的空对地数据通信能力（通过中继还可进一步扩展至 322 千米），使训练范围可从联队级本地训练扩展到类似"红旗"军演的大规模部队演习。

P5 机载训练系统提升了美国空军的空战训练能力，但已面临老旧问题。2019 年美国空军发布 P6 机载训练系统开发征询书，计划在 2030 年前替换 P5。

## 重要专题分析

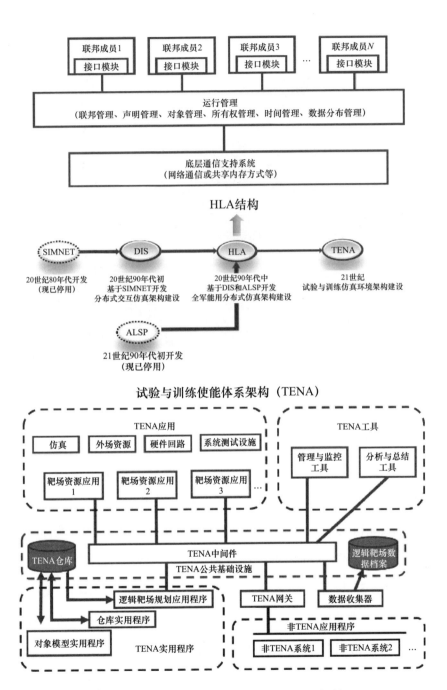

图 2　DIS、HLA、TENA 发展历程及架构

图3  P5训练系统挂装美国空军F-16战斗机实机翼尖

### 3. 地面模拟器系统

美国空军地面模拟器型号完整、配套设施齐全，基本覆盖了美国空军所有飞机型号，是美国空军空战训练的主要手段之一。

F-35战斗机的全任务模拟器是目前美国空军最先进的地面模拟器系统。采用高保真360°球幕视景，视景系统可以与头盔显示器结合，能提供与真实操作F-35相一致的态势感知能力和视觉效果（图4）。场景生成系统包含庞大的全球地形数据库，支持美国本土和海外任何地方的模拟飞行训练。另外该模拟器具有与F-35真机相同的作战飞行程序，支持F-35绝大部分任务类型训练，包括电子对抗、突防演练、空空对抗、空地打击等，并可与F-35的任务系统同步升级。

图 4　F-35 战斗机的全任务模拟器

**4. 构造仿真环境**

美国空军当前使用的构造仿真环境是"现代空战环境"（MACE）和"下一代威胁系统"（NGTS），其中 MACE 由美国作战空间仿真公司研制，可提供多域计算机兵力生成。MACE 扩展性好，适用于 TENA 接口、DIS 图像接口（图 5）。目前 MACE 已应用在美国空军多个分布式任务作战中心以及 100 多套联合作战训练设备中。

**（二）推进实施一批研发应用项目**

美国空军正从 LVC 仿真技术全面应用、模拟器架构、综合训练仿真环境建设等方面入手，推进实施一批重要研发应用项目，不断提高技术水平和成熟度，提升技术应用效益。

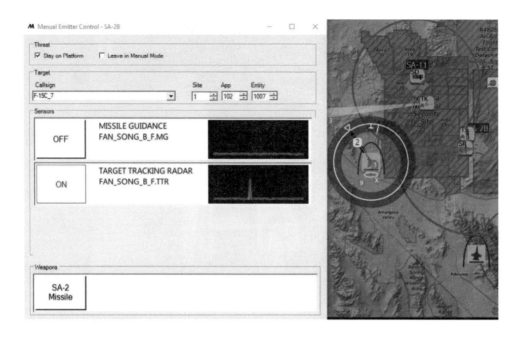

图 5　MACE 人工发射控制界面

**1. "安全保密的 LVC 先进训练环境"先进技术演示项目**

2015 年，美国空军研究实验室牵头启动"安全保密的 LVC 先进训练环境"（SLATE）先进技术演示项目，评估美军现役战斗机（携带空战训练吊舱）和模拟器加入 LVC 的能力，2018 年"红旗"军演中已初步应用。该项目的内容包括：①在 2016—2027 年开发 F‐35 战斗机加入 LVC 所需软硬件，在 F‐35 战斗机第 3F 批次（Block 3F）状态中先期试验以嵌入式训练为主的 LVC 功能；②在 2020—2027 年择机建设用于 LVC 环境的任务数据（MDS）；③在 2020—2028 年建设和升级试验场所需的 LVC 软硬件，提升资源和计划管理，优化和升级实时任务作战中心。

**2. "模拟器通用架构要求和标准"开发项目**

为实现大数量级模拟器之间互用的目标，美国空军在 2018 年 12 月发布了"模拟器通用架构要求和标准"(SCARS)招标书,拟分 3 个阶段开展工作:①开发一种满足模拟器性能目标的体系架构,同时展示模块化开放系统架构的关键特征;②完成并验证在第一阶段开发的基准模拟器架构,并使用空勤人员训练模拟器应用程序进行概念性演示;③确定最终架构。2020 年 6 月,美国空军与 L3 哈里斯技术公司签订了 9 亿美元的 SCARS 合同,合同期限为 10 年,相关演示验证将在俄亥俄州莱特－帕特森空军基地进行。

**3. "联合仿真环境"开发和建设项目**

美国空军正通过 LVC 技术开发用于空战装备试验和训练的可扩展、高保真、通用化建模与仿真环境(JSE),解决当前和未来的试验和训练能力的不足。要求达到:与实装相同的试验效果、战区级的仿真能力、模拟全天候及所有天气对传感器等产生的影响,并且适用美军主要架构。2019 年美国空军正式启动该项目,2020 年 11 月开始在内华达州内利斯空军基地建设第一个实验室,占地总面积约 4700 米$^2$。美国空军计划首先用于 F－35 战斗机,并逐步扩展型号范围,如 F－22 战斗机传感器升级的作战试验、F－15E 红外搜索与跟踪系统试验等,使之最终成为美国空军的通用试验环境。

## 三、发展趋势

LVC 仿真技术代表了美国空军训练和试验领域仿真技术发展的新理念、主方向,未来还将持续发展和应用。总的来看,美国空军 LVC 仿真技术发展主要体现以下几方面趋势:

## （一）在架构层，促进标准融合，逐步形成统一的 LVC 体系架构

美国空军高度重视对体系赋能的支撑式、嵌入型技术的架构开发，以体系架构为引领高效打造复杂系统及支撑技术，从技术源头开始避免"无用功""烟囱化"，确保联合互用性，提高投资效益。当前，美军 LVC 体系架构的建设是依据分布式交互仿真、高层体系架构、试验与训练赋能体系架构等标准，这些标准发展成熟、应用广泛，并且彼此之间在"使用对象模型""使用核心规则""使用中间件"方面存在相似之处。但这些交互标准是在不同时期根据不同需求开发的，因此应用环境和服务对象有一定差异，限制了标准之间的无缝互用能力，这也是多年来美军在 LVC 体系架构过程中持续关注和尝试解决的重点问题。结合标准特性和美军提出的应用需求来看，美国空军或美国国防部未来可能会围绕三方面加快标准的融合，最终实现 LVC 体系架构的统一：一是寻找一个单一的对象建模方法，建立一个能够在试验与训练领域、建模与仿真领域共用的基本对象模型集；二是合并当前中间件的功能，开发一个既可用于试验与训练领域又可用于建模与仿真领域的通用中间件；三是给出一个单一的系统工程方法，能够满足 LVC 互用性要求。

## （二）在装备层，研制新型系统，不断提升 LVC 仿真技术融合程度

美国空军现有的分布式仿真训练技术已成为空战训练的必备手段，借助标准、协议接口等还可实现一定规模的网络化，但由于标准的不统一、技术等级差别等原因，这些仿真训练技术在交互上存在障碍，影响 LVC 的使用效果和效率。未来，美军将立足 LVC 仿真技术统一要求，升级改造现役的和开发新型的机载训练系统、地面模拟器系统，不断推动新的仿真训练设备融合进 LVC 仿真技术整体环境中，最大化地发挥 LVC 在空战训练和试验鉴定中的独特作用，推动分布式仿真等能力向更全、更广、更保真、

更高效方向发展。

**（三）在应用层，构建通用环境，实现多军种多机型试验训练应用**

当前，"联合仿真环境"是美国空军最重要的LVC仿真技术应用建设发展项目。该环境的建设可大幅增强美国空军建模与仿真技术能力，形成能够以短周期、低成本的方式满足研制、试验和训练需求的虚拟试验场，为美国空军未来航空装备的快速设计、研制、试验、部署、训练提供有力保障。美国空军将加紧打造、持续完善"联合仿真环境"等通用环境，以实现初始作战能力，逐渐将当前的四代机、五代机试验、训练仿真活动转移到这些通用环境中，从而便捷地提高规模和频次，满足单装、体系的试验和训练要求。在此过程中，美国空军必然会将"联合仿真环境"等通用环境达到互联互通互用水平，并与飞行中的实装互联，构成未来美国空军整个LVC仿真技术发展应用的核心载体和环境，取代许多传统的试验和训练手段，从而最大化发挥LVC仿真技术优势，将训练与试验手段的功能、灵活性、效能和效费比提上一个新台阶。

（中国航空工业发展研究中心　许佳）

# 美国国防部 5G 应用实验取得重要进展

美国高度重视5G技术的国防应用，国防部已发布了《国防部5G战略》及实施计划，并在两批共12个美军基地启动了5G网络部署与多场景验证工作，意在充分利用新技术优势赋能，增强美军指控、感知、通信、后勤、训练等多方面的作战能力。2021年12月2日，美国空军在美国犹他州希尔空军基地举行了剪彩仪式，庆祝该基地首次成功部署5G网络。希尔基地是美国国防部首批开展5G应用实验的基地之一，经过两年准备与建设实现网络部署，标志着美国国防部与美国空军达到了5G网络动态频谱共享实验的一个关键里程碑。

## 一、美国国防部开展 5G 应用实验的背景

5G作为新一代移动通信技术，成形于商用领域，体现出较大的应用优势；美国利用其官方和民间技术扫描、识别和预见力量，快速将5G识别为有重要军事应用潜力的新兴技术，并评估了其主要应用领域和前景；美国国防部则依据新兴技术扫描、识别和预见成果，迅速从战略层面开展5G应

用顶层设计,在本国5G技术处于相对"落后"状况下,极力领先夺取5G军事应用制高点。

**(一)美国由于5G中频段掣肘失去商用市场先机,需调整"赛道"以重新夺取竞争优势**

由于美国5G的Sub-6中频段(6吉赫以下频段)大部分被军队及航空占用,美国联邦通信委员会(FCC)早期将5G毫米波频段(24~300吉赫)作为核心频段。然而毫米波传播特性差,技术实现难度高,网络建设低效且成本高。同时,世界上大多数国家的5G网络是建立在Sub-6中频频段之上,尤其欧洲和亚洲的主要对手国家已经在2018—2019年完成了中频段频谱分配,商用部署速度超过了美国,导致美国在全球5G商用市场失去了先机。因此,美国急需调整"赛道"以重新夺取5G竞争优势。

**(二)美国官方和民间智库机构认为5G具有多方面国防应用潜力**

从2018年起,美国战略与国际研究中心、美国国会研究部、美国国防部国防创新委员会等咨询机构相继发布了《5G技术将重塑创新与安全环境》《5G移动通信技术对国家安全的影响》《5G生态系统:国防部的风险与机遇》等多篇报告,分析5G在无人系统、指挥控制、情监侦等领域具有的诸多应用潜力:5G可以改善情报、监视与侦察(ISR)系统及其数据处理;催生新的指挥控制手段;实现"蜂群"等新的无人作战概念等。美国《空军杂志》于2019年刊文称5G是"最宝贵的隐形军事资产",其军事应用将使得一切指挥控制以及态势感知能力得到加强。

**(三)美国国防部将5G识别为未来战争关键制胜要素,发布战略与实施规划**

2020年5月,美国国防部发布《国防部5G战略》,分析了5G对未来军队作战方式的变革,认为该技术可将远程传感器和武器链接到密集、强韧的战场网络，加深对复杂态势与环境的理解，推动新一代无人和自主武器系统实现跨域作战，并为战术边缘作战人员提供更丰富的数据访问能力等，提出美军必须学会利用5G提供的联通能力，确保在杀伤力关键领域保持领先。2021年1月，美国国防部发布《5G战略实施规划》，明确了5G战略的具体实施路线，拟通过促进技术发展、评估并减少安全漏洞、影响5G标准和政策、吸引合作伙伴四项主要工作全方位推动5G的国防应用，其中开展5G军事基地演示、研究5G赋能的作战概念等被列为加速5G军事应用的重要途径。发布专门战略及其实施规划，意味着美军完成了对5G的技术识别和效用评估，将其价值定位到影响整个军队未来作战的战略层面，并通过顶层设计加速抢占5G军事应用制高点。

## 二、美国国防部5G应用面临的挑战及采取的应对措施

根据美国《国防部5G战略》以及美国国家安全局发布的《5G基础设施的潜在威胁向量分析报告》等文件，总结提炼美国国防部5G应用主要面临频谱资源紧缺、系统架构风险以及供应商技术来源风险三点挑战。

### （一）频谱资源紧缺

频谱是具有重要战略意义的稀缺资源，美国已经将5G的部分Sub-6中频段优先用于开展军事用途，如3.1~3.45吉赫用于预警机雷达，3.45~3.5吉赫用于舰载/机载雷达防御系统、导弹防御系统，这部分中频段对于实现国防部5G网络的广域覆盖与高速传输至关重要。因此，美国国防部急需对优质的频谱资源进行统筹协调，增加可用频谱数量，设计频谱共享框架，开展动态频谱利用研究，既要为军事应用在有争议的频谱环境中提供更大的灵活性和弹性，又要确保美国电信业拥有所需的频谱来满足国防部

所需的 5G 功能。美国国防部目前正在希尔空军基地评估人工智能和机器学习在频谱资源利用方面的应用,以及频谱感知和波束成形对军用和商用系统的影响。

## (二) 5G 系统架构风险

5G 网络与现有商用无线网络相比安全性更高,但是由于系统架构更加复杂且引入了网络功能虚拟化、网络切片、边缘计算等新技术,一定程度上也会带来新的安全威胁和风险,增加恶意攻击者的攻击面:攻击者可以通过软件或网络组件的篡改,削弱系统中的安全控制、安装恶意软件或识别产品的脆弱之处;通过网络层入侵渗透 5G 网络可能阻断网络正常服务,监听、篡改或损毁数据;由于与 4G 等老旧基础设施存在共用,可借这些基础设施的固有漏洞入侵 5G 网络等。针对这一系列问题,美国国防部正在基于零信任原则开发和演示验证在不安全网络中进行安全操作的技术,同时在高度动态和对抗的射频环境下演示抗干扰技术,并采用先进的自适应加密和密钥管理技术增强数据保密性。

## (三) 供应商技术来源风险

根据《5G 生态系统:国防部的风险与机遇》报告,美国国防部将更多地使用 5G 商用货架产品(COTS)设备和服务来建设国防 5G 网络。由于美国本土电信网络设备商(如 Airspan、摩托罗拉)的全球市场份额已低于 1%,所以必须大幅采购国外供应商的设备。根据已披露的供应商合同,美国国防部优先选择盟友国家及合作伙伴的设备商,例如背后拥有大量美国资本支持的韩国三星集团将为美国国防部提供 5G 端到端解决方案,诺基亚与爱立信公司则已与美国电信运营商签订了数十亿美元合作协议。而对于潜在对手,美国国防部则认为其采用的技术存在通过供应链造成重大安全漏洞的风险,因此除立法禁止联邦采购相关国家的电信设备和服务外,还将利用影响力以及施加外交压力等手段限制盟国及合作伙伴使用其生产的 5G 设备与产品。美国国防部希望利用以上政策和国际合作来实现多元化的、安全的供应基础，避免出现单一供应商主导的情况，同时打压对手国家的全球市场与技术发展。

## 三、美国国防部 5G 应用试验的主要进展

美国国防部在 2021 财年的国防预算中申请为 5G 实验项目投入 4.49 亿美元，并规划了一批次 5 项、二批次 7 项共 12 个应用试验项目，涉及多个美军基地。这些基地将为 5G 应用试验提供设施和环境，以实现快速试验以及军民两用应用程序的原型。

### （一）第一批次项目已完成试验平台建设与首个原型系统展示

第一批次试验项目的工作主要聚焦以下 4 个方面：建立动态频谱共享试验平台，演示在中频段同时使用 5G 和机载高功率雷达（希尔基地）；开发智能仓库，利用 5G 技术增强后勤保障与维护能力（佐治亚州奥尔巴尼海军陆战队后勤基地、加利福尼亚圣迭戈海军基地）；利用 5G 网络实现基于虚拟现实和增强现实的任务规划和训练（华盛顿州路易斯-麦克乔德联合基地）；基于 5G 技术提升未来联合作战的指挥控制能力（内华达州内利斯空军基地）。2021 年 6 月在奥尔巴尼基地完成了"灵巧仓库技术的早期能力演示"项目的首个原型系统展示，使用了 380 兆赫的中频和毫米波频谱，实现了 1.5 吉比特/秒的高速下载和低于 15 毫秒的延迟。随着希尔基地部署动态频谱共享实验网络，第一批次项目都已完成实验平台建立。

### （二）确定第二批次项目实施地点，计划发布建议征询书

第二批次实验项目的工作将重点关注 5G 网络其他通信系统之间的互联

与频谱共享,主要工作包括:将5G网络应用于舰船与码头并评估其连通性(弗吉尼亚州诺福克海军基地);5G网络应用于前线基地与战术作战中心的无线连通测试(加利福尼亚州欧文堡国家训练中心、得克萨斯州胡德堡国家训练中心、加利福尼亚彭德尔顿营区);基于5G网络实现远程医疗、护理与培训(得克萨斯州圣安东尼奥联合基地);实现国防部与商业界之间的双向频谱共享(俄克拉何马州廷克空军基地);利用5G技术增强飞机任务战备程度(夏威夷州珍珠港 - 希卡姆联合基地)。第二批次项目将从2021年起陆续发布建议征询书,并着手开展实验平台建设,其中圣安东尼奥联合基地已于2021年6月通过国家频谱联盟发布该项目原型需求建议书(RPP)。

**(三)利用商业创新与简化授权加快技术转化应用**

2020年10月,美国国防部宣布将为一批次的5个项目提供6亿美元资金,包括一年建设和两年实验的经费,涉及30多份合同、100多家公司,其中一半以上是非传统的商业技术公司。美国国防部希望利用这些商业公司的技术优势对5G等颠覆性技术进行创新探索,不仅大幅提高作战能力,实现从后勤、维护到医疗等领域的现代化共同任务,同时也支持商业公司使用新技术,保证其在5G及6G之后的网络上能够获得竞争优势。经过基地试验,成功演示验证的技术和产品将通过简化系统配置和国防部设施运营授权(ATO)等流程进行快速部署,加快应用。

## 四、几点认识

一是识别和评估新兴技术的跨领域、民转军应用潜力。新兴技术层出不穷、快速迭代,要常态化滚动扫描、识别和评估,直接为国防科技战略提供支撑；要积极开展新兴技术实验，尽早发现和确认先进技术军事效用及其存在的问题。这是美国当前对外国防科技博弈设计的核心，重在"以快制慢"，实现先进技术开发和应用"先知、先验、先用"，在5G技术方面，从扫描、识别和评估到战略推进非常迅速，是一个典型案例。

二是5G通信可能在频谱、后勤、训练、指挥与控制等方面给美军带来联合全域作战优势。美国国防部5G试验有助实现高效、动态、灵活的频谱使用，提高频谱综合利用效率，增强国防部的频谱访问能力；利用5G技术的智能仓库将提升后勤保障的效率、精准度和安全性，实现预测性维护；5G结合虚拟现实、增强现实技术，可支持全球范围多名训练人员同时开展虚拟态势信息与真实的场景相叠加的高保真模拟和培训；5G还能够将美国国防部当前分散的网络整合到一个网络中，实现跨域信息的快速传输以及战术边缘的连通，提供更佳的态势感知，加强指挥控制能力，为联合全域作战创造作战优势。

（中国航空工业发展研究中心　陈蕾）

FULU

# 附 录

# 2021 年空战领域科技发展十大事件

## 一、美国空军"天空博格人"自主核心系统配装多型无人机试飞

4月,美国空军"天空博格人"项目自主核心系统安装在 UTAP-22 "灰鲭鲨"无人机上成功首飞,完成了系统基本功能验证,表明该系统已达到实机操作能力。6月,装有自主核心系统的 MQ-20 无人机(原"捕食者"C 无人机)在美国空军"橙旗 21-2"演习中,验证了基本飞行、导航指令响应、实施机动等能力,证实该系统可用于操纵多种类型的无人机。10月,2架配装自主核心系统的 MQ-20 无人机完成编组试飞,验证了该系统的无人机自主编组能力。自主核心系统是包含软硬件的开放式模块化系统,类似无人机的大脑实现自主飞行、编队和执行任务。自主核心系统的试验试飞,表明美国空军通用自主系统功能开发取得了重要突破,可与多型无人机集成,并实现单机自主执行任务、无人/无人编组飞行等能力。

"天空博格人"项目是美国空军"先锋"计划重点项目之一,旨在将自主系统与模块化、低成本无人机平台相结合,使无人机自主执行复杂作战

任务，并与有人机协同作战。"天空博格人"项目相关成果应用后将快速促进智能自主作战无人机及空中有人无人协同作战技术的发展。

## 二、美国自适应发动机技术研发取得重要进展

5月，美国通用电气公司宣布完成首台XA100自适应发动机全尺寸验证机试验；8月启动、12月完成第2台验证机第一阶段试验，试验结果表明验证机性能超过设计目标。XA100试验的顺利进行有助于大幅度降低技术风险，为开展自适应发动机工程研制做好准备。

自适应发动机可根据飞机起飞、作战和巡航等不同状态的需要，自动调节进入核心机的空气流量等参数，兼顾发动机大推力和低油耗，满足未来战机不同场景的作战需求。XA100是美国空军"自适应发动机转化项目"（AETP）下投资发展的两型工程验证机之一，另一型是普惠公司XA101，其与F-35配装的F135发动机相比，推力增大超过10%，燃油效率提高超过25%，战机航程提升30%。自适应发动机研制成功后，将有力保障美六代机向大航程、配装高能武器等方向发展。

## 三、美国国防高级研究计划局"小精灵"蜂群无人机项目成功完成无人机回收试验

10月，美国国防高级研究计划局"小精灵"空中投放及回收蜂群无人机项目成功试验空中回收无人机。试验中，两架X-61A"小精灵"无人机自主编队飞行，抵近C-130运输机后方，随后C-130运输机打开尾门，使用专用机械装置捕获1架X-61A，将其拖入货舱完成回收。回收试验的

成功标志着"小精灵"项目突破了无人机空中回收核心关键技术，相关技术得到验证。

"小精灵"蜂群无人机项目旨在探索从现有大型飞机上发射无人机群执行任务，任务完成后空中回收无人机实现重复性使用，目标是无人机可重复使用约为20次，回收装置应30分钟内回收4架以上无人机。无人机单架机成本低、较有人机战损小，多架无人机空中协同配合、以集群形式完成特定任务，将使敌方防空系统无法应对全部目标，防御成本显著增加，还可依据敌情和自身损失，实时排列组合出最优的作战能力，作战灵活性更强，进而显著提升在强对抗环境中的空中作战能力。

## 四、美国成功完成"金帐汗国"项目弹药网络化协同打击技术第一阶段飞行试验

5月，美国空军宣布"金帐汗国"项目成功完成第一阶段全部试验。在最后一次即第三次试验中，两架F–16战斗机分别投放2枚和4枚"合作式小直径炸弹"，随后弹间及与地面站间建立通信，在飞行中重新瞄准高优先级目标并制定任务规划，实现了多弹同时命中多个目标及双弹同时命中同一目标。此前，该项目于2020年12月、2021年2月开展前两次试验，分别实现首次弹间合作及"4弹同时命中4个不同目标"。第一阶段试验的完成，标志着该项目实现了弹药网络化协同打击技术从技术开发到成果演示验证的突破。

"金帐汗国"项目是美国空军"先锋"计划重点项目之一，旨在探索将不同类型现役弹药，通过数据链升级、任务规划算法集成等技术改进，以较低的成本，实现多型机载武器网络化协同、合作打击。弹药网络化协同

打击相关技术应用后将形成更灵活的空中打击能力，提高弹药的杀伤效果，大幅提升空中攻防对抗能力。

## 五、数字工程技术在空战武器研发中取得初步应用成效

2021年，美国空军透露已将数字工程技术推广应用到 F-15EX 战斗机、B-52H 轰炸机换发、T-7A 教练机、"天空博格人"无人机、MQ-25A 无人加油机、高超声速武器等多个重大项目，取得初步应用成效。例如，波音在5月宣布仅用不到30分钟即完成首架 T-7A 教练机前后机身对接，较传统方法省时95%，且质量显著提高。此外，英国"暴风"、日本 F-X 战斗机等项目也宣布将采用数字工程技术降本增效。

数字工程是一种集成多学科手段和先进技术的数字化方法，利用模型和数据驱动的多方案权衡、高逼真度/多专业系统级工程仿真、数字化生产和质量保证流程、数字孪生等手段，能够支撑新研空战武器方案设计论证、加快在研装备工程研制进度、提升在产装备生产质量效率、推动在役装备精准维修保障，实现空战装备"快、好、省"发展。

## 六、美国无人加油机技术接近成熟

6月，美国 MQ-25A 舰载无人加油机原型机成功完成对 F/A-18F 战斗机的空中加油试验，历史上首次实现无人机为有人机实施空中加油。试验中，该无人机在约3000米（1万英尺）空中，通过挂装的加油吊舱，以加油软管和锥套与 F/A-18F 战斗机实现对接，输送了300磅（136千克）燃料，整个试验过程两架飞机累计完成了多次干湿加油对接。8月和9月

MQ-25A 原型机又成功试验为 E-2D 预警机、F-35C 战斗机空中加油。空中加油试验连续取得成功,表明该型无人加油机的通信与控制、空中加油等相关关键技术已接近成熟。

执行空中加油任务的无人机未来成为航母舰载机联队建制内加油机,将有效拓展舰载战斗机打击范围,释放舰载机的战斗力,为航母作战机群的作战样式带来重要变化。

## 七、俄美日成功完成爆震发动机测试

4 月,俄罗斯联合发动机公司称已完成脉冲爆震发动机样机的第一阶段测试,各项指标均达标。5 月,美国中央佛罗里达大学首次在斜爆震发动机测试中捕获到稳定斜爆震波,初步验证了斜爆震波稳定控制的可行性。7 月,日本航空航天探索局及其合作机构发射了一枚配装有一台旋转爆震发动机和多台脉冲爆震发动机的探空火箭,每台爆震发动机均产生了数秒正推力。

爆震发动机是基于爆震燃烧的新型发动机,采用更简单的结构设计,与传统涡轮发动机相比具有巨大的经济优势,且热循环效率更高,推重比更大。上述进展表明各国正以不同路线加速发展爆震发动机且已取得巨大突破。爆震发动机研制成功后,可用于火箭、高超声速飞机和空天飞行器等航空航天领域。

## 八、美国空军首次举行"试验旗"三旗联动演习

10 月,美国空军首次实现了"橙旗""翠旗"和"黑旗"三位一体

"试验旗"联动演习,测试了跨区域数据共享。演习期间,在加利福尼亚州爱德华空军基地举行的"橙旗"开展了F-35战斗机以及2架MQ-20无人机使用"天空博格人"自主核心系统的飞行试验,在佛罗里达州埃格林空军基地进行的"翠旗"测试了联合全域指挥与控制概念下的系统连接,在内华达州试验训练场举行的"黑旗"演习试验了EC-130H"罗盘呼叫"、F-15E"攻击鹰"和EA-18G"咆哮者"的联合电子攻击战法。位于三个演习区的军机各自使用Link-16数据链组网,并将数据传输到地面节点,然后进行跨区域互传,在2400多千米的距离上实现了低延迟多路传输。这次跨区域联动使原本各自独立开展的三大"试验旗"演习首次同时执行、实时协作,确保了地理上分散的空中作战力量之间共享数据,验证了支撑广域协同"杀伤网"的关键赋能技术。

三位一体"试验旗"联动演习是美国空军"像作战一样试验和训练"理念的体现,将支撑创新技术的快速开发和全域作战能力的加快形成。

## 九、英国完成大规模无人机蜂群演示验证

1月,英国国防部国防科学技术实验室宣布完成"多架无人机使作战更轻松"项目大规模无人机蜂群竞赛。竞赛中无人机蜂群由5种不同类型、不同大小和具有不同的作战能力的固定翼无人机组成,携带6种不同类型的任务载荷,验证了20架无人机组网执行态势感知、医疗援助、后勤补给、爆炸物检测和处置以及诱骗等任务的能力。项目成果将为英军探索优化无人机蜂群作战能力提供技术支撑。

无人机蜂群是在操控人员(空中或地面)的指挥或监督下,参照自然界蜂群、蚁群等的集体行为方式,以自主组网方式遂行统一作战任务的一

组小型无人机集群,具有抗毁能力强、作战灵活性强等优势。使用低成本无人机蜂群,将实现灵活多变的空中攻击,以较小代价快速取得作战优势。

## 十、美国空军启动高超声速飞机验证机研制

7月,美国空军授予美赫米尔斯公司3年6000万美元的科研合同,开展一型涡轮基冲压组合发动机(TBCC)的飞行验证和3架"夸特马"高超声速飞行验证机的研制试飞等工作,这是美国空军近十余年以来首个已知的高超声速飞机验证机研制项目,表明美国高超声速飞机研究迈出实质性步伐。

"夸特马"高超声速飞行验证机设计采用大后掠三角翼无平尾加单垂尾布局,无人驾驶,最大飞行速度马赫数5,总重4~5吨,以涡轮基组合循环发动机为动力,计划用于执行要员运输、情监侦等任务。11月,美赫米尔斯公司首次展示"夸特马"高超声速飞机首架全尺寸实物模型样机,并以最大加力状态起动发动机进行地面演示。按计划"夸特马"验证机将在2023年首飞。

高超声速飞机是飞行速度超过5倍声速的飞机,可以水平起降、高空高速、灵活机动、重复使用,能够有效突破现有防空反导系统,实施侦察和打击,将成为未来重要的战略性空战武器。

(中国航空工业发展研究中心　吴蔚　李蕴　闫娟　朱超磊)

# 2021 年空战领域科技发展大事记

## 1 月

**英国启动"轻量化经济可承受的新型作战飞机"（LANCA）原型机设计和制造工作** 1 月，英国国防部授予美斯普利特航空系统公司贝尔法斯特分部 3 年约 4100 万美元合同，设计和制造无人作战飞机原型机。LANCA 是英国皇家空军快速能力办公室牵头发展的项目，旨在发展一种小型低成本可消耗无人作战飞机，可与现役"台风"和 F–35B 战斗机以及在研"暴风"战斗机协同作战。

**英国完成"多架无人机使作战更轻松"项目大规模蜂群演示验证** 1 月，英国国防科学技术实验室宣布完成大规模蜂群无人机竞赛，同时标志着"多架无人机使作战更轻松"项目结束。竞赛中无人机蜂群由 5 种不同类型、不同大小和具有不同作战能力的固定翼无人机组成，携带 6 种不同类型的任务载荷，执行典型作战任务。竞赛演示了 20 架无人机组网执行态势感知、医疗援助、后勤补给、爆炸物检测和处置以及诱骗等任务的能力。

## 2 月

**英国"佩刀"高超声速发动机继续进行试验** 2月,英国反作用发动机公司宣布完成"佩刀"协同吸气式火箭发动机(SABRE)核心机 HX3 热交换器和先进氢气预燃室的测试,后续将完成"佩刀"发动机缩比验证机核心机地面试验。

## 3 月

**波音公司"空中力量编组系统"(ATS)无人机原型机首飞** 3月,波音公司澳大利亚公司宣布完成 ATS 无人机原型机的首飞。该无人机是波音澳大利亚公司为澳大利亚皇家空军研制的能与有人战斗机和特种飞机编队作战的"忠诚僚机",首飞成功后,澳总理宣布与波音澳大利亚公司签订3年1.15亿澳元(5.75亿元)新合同,继续发展空中平台、有效载荷、人工智能决策和相关保障与训练能力,并增购3架原型机,使原型机总数增至6架。

**DARPA"空战进化"项目取得阶段性研究成果** 3月,DARPA宣布"空战进化"项目第一阶段进程过半,取得阶段性成果,开展了视距内与视距外多机场景的人工智能(AI)虚拟空中格斗、人机共生飞行试验,以观测飞行员生理状况和对 AI 的信任度,以及一架全尺寸教练机的初步改装,表明项目目前进展顺利,正朝着第一阶段的预设目标推进。

**美国空军 XQ-58A 无人机完成首次载荷投放试验** 3月,美国空军 XQ-58A 低成本无人作战飞机技术验证机成功试验空射"阿尔提乌斯"-600 小型无人机,该小型无人机可执行电磁战、反无人机、情监侦等任务。这是 XQ-58A 首次在飞行中打开内埋式弹舱投放任务载荷。

## 4 月

**美国空军"天空博格人"自主核心系统完成首飞**　4 月，美国空军研究实验室"天空博格人"项目开发的自主核心系统装载在 UTAP–22 无人机完成首飞，演示了导航指挥响应、地理栅栏反应、遵循飞行包线、实施协调机动等能力。自主核心系统是包含软硬件的开放式模块化系统，适用于多种无人机，类似无人机的大脑实现自主飞行、导航与通信。首飞成功表明该系统已具备实机操纵能力。

**俄公司完成脉冲爆震发动机样机第一阶段测试**　4 月，俄罗斯联合发动机公司称已完成脉冲爆震发动机样机的第一阶段测试，各项指标均达标。该发动机设计简单、与传统发动机相比具有巨大的经济性优势。当前，在增压燃烧技术领域，旋转爆震发动机已成为研制热点，而脉冲爆震发动机经过多年研究，仍存在理论性能无法达标以及振动难以抑制等问题。俄罗斯的上述进展为脉冲爆震发动机的研究带来了希望，未来这种发动机可用于火箭、高超声速飞机和航天器。

## 5 月

**美国空军选择"火箭货运"为"先锋"计划第四个项目**　5 月，美国空军在 2022 财年预算要求中为"先锋"计划增列"火箭货运"项目，编列 4800 万美元，计划在 2022 财年进行一次完整的试验。该项目旨在探索利用大型、可重复使用的商业火箭，在 1 小时内将 100 吨货物运送至全球任意地点，将由美国空军和太空军合作开展研究。"先锋"计划是美国空军重要的新技术开发和转化一体化机制，"火箭货运"项目纳入后将加快发展，其成果可能极大提升美军实施关键全球后勤保障行动的效率。

**美国通用电气公司完成首台 XA100 自适应循环发动机全尺寸验证机试验** 5月,美国通用电气公司宣布首台 XA100 自适应循环发动机全尺寸验证机已完成试验。XA100 是美国空军正在研发的面向下一代战斗机用发动机工程验证机之一,另一型是普惠公司的 XA101。XA100 试验的顺利进行有助于大幅度降低技术风险,为自适应循环发动机进入工程研制做好准备。

**美国空军"金帐汗国"项目成功完成第一阶段全部试验** 5月,"金帐汗国"项目完成第一阶段最后一次即第三次飞行试验,试验中两架 F-16 战斗机分别投放 2 枚和 4 枚"合作式小直径炸弹",随即弹间以及弹与地面建立无线电通信,飞行中实施高优先级目标重新规划,最终实现多弹同时命中多个目标、双弹同时命中同一目标,第一阶段试验结束标志着该项目已经取得重要进展,实现了从技术开发到成果演示的突破。

**美国空军发布首版《数字建造法典》备忘录** 5月,美国空军采办、技术与后勤执行助理部长科斯特洛签发首版《数字建造法典》备忘录,为美国空军向数字采办转型树立实践规则,并为采办执行官评判项目是否属于"e项目"提供指导。

# 6月

**美国海军 MQ-25A 无人机完成首次无人机对有人机空中加油试验** 6月,波音公司为美国海军研制的 MQ-25A 舰载无人加油机 T1 原型机成功试验为一架 F/A-18F 战斗机实施空中加油,这是史上首次无人机对有人机实施空中加油。试验中,MQ-25A 原型机通过挂装的加油吊舱,成功完成对接和受油,受油量超过 136 千克,整个过程迅速且流畅,加油速度较为理想,且噪声水平显著低于 F/A-18E/F 同型机之间的"伙伴加油"。9月,该机首次完成了对 F-35C 战斗机的空中加油试验。

**美国空军装备司令部成立数字转型办公室**　6月，美国空军装备司令部宣布设立数字转型办公室，作为空军部常设机构，专门负责全面推进以数字工程发展应用为核心的数字转型，帮助空军和太空军实现数字军种愿景。办公室将持续利用先进的信息技术和数据支持实现高效的武器系统开发，保持技术领先优势。设立该办公室，表明美国空军部将数字转型作为"长期推进、久久为功"的战略任务常态化、全面推进，力图打造适应数字时代的运行模式。

## 7月

**自动对地防撞系统功效受美国国会充分肯定**　7月，美国国会国家军事航空安全委员会发布报告，认为机载自动对地防撞系统可有效防止飞行员飞行过程中丧失空间方位感导致的飞机失控和撞地事故，对于保障战斗机飞行安全具有重大作用和现实意义。目前，美军自动对地防撞系统已在F-35A和F-16战斗机上得到应用，已挽救10架F-16战斗机和11名飞行员。美国空军还在开展对地防撞与空中防撞综合技术研发，有望应用于下一代战斗机。

**美国空军启动研发高超声速飞机验证机**　7月，美国空军联合私营投资公司授予美赫米尔斯公司3年6000万美元的科研合同，开展一型涡轮基冲压组合发动机（TBCC）的飞行验证和3架"夸特马"高超声速飞行验证机的研制试飞等工作，这是美国空军近十余年以来首个高超声速飞机验证机研发项目，表明美高超声速飞机研究迈出了实质性步伐。美国空军期望该机未来可用于执行要员运输、情监侦等任务。11月，赫米尔斯公司首次展示"夸特马"高超声速飞机首架全尺寸实物模型样机，并以最大加力状态起动发动机进行地面演示。

**美国空军完成先进战斗管理系统第五次演习试验**　7月，美国空军部首席架构师办公室完成了第五次先进战斗管理系统演习试验，美军所有11个作战司令部参与了本次演习，并与美国太平洋空军、美国北方司令部、美国国防部联合人工智能中心（JAIC）和国防部负责情报和安全的副部长办公室进行了合作。本次演习的综合目标包括：一是提高竞争和危机中全球行动的作战域感知；二是利用人工智能增加信息优势；三是制定可行的威慑行动方案来提高决策优势；四是通过快速的跨战斗指挥协作增强全球整合；五是通过集成、分布式、弹性的通信、计算和软件提高敏捷决策优势。

# 8 月

**DARPA选定主动流动控制技术研发项目"阶段1"开发团队**　8月，DARPA选择极光飞行科学公司和洛克希德·马丁公司进入"采用新型操纵装置的革命性飞机控制"（CRANE）项目"阶段1"，内容包括系统需求开发、初步设计、软件开发和初始适航活动等，最后进行初步设计评审，此举表明项目前期工作进展顺利。同时DARPA还增选BAE系统公司进行"阶段0"的概念设计活动。

# 9 月

**DARPA完成"吸气式高超声速武器概念"（HAWC）项目样弹自由飞行试验**　9月，DARPA联合美国空军完成了HAWC样弹的自由飞行试验，该弹在试验中达到了马赫数5以上的飞行速度，试验成功达成了检验样弹综合与投放程序、样弹与载机安全分离、助推器点火与工作、助推器分离与超燃冲压发动机点火并进入巡航状态等主要目标。

## 10 月

**美国空军首次举行"试验旗"三旗联动演习** 10月,美国空军试验旗复杂组织体(TEF)首次实现了"橙旗""翠旗"和"黑旗"三大"试验旗"演习的跨区域联动。在加利福尼亚州爱德华基地举行的"橙旗"、在佛罗里达州埃格林基地举行的"翠旗"和在内华达州试验训练场举行的"黑旗"试验演习同时进行,位于三个演习区的军机各自使用Link-16数据链组网,并将数据传输到地面节点,然后进行跨区域互传,在2400多千米的距离实现了低延迟多路传输。这次跨区域联动使原本各自独立开展的三大"试验旗"演习首次同时执行、实时协作,确保了地理上分散的空中作战力量之间共享数据,验证了支撑广域协同"杀伤网"的关键赋能技术。

**印度隐身无人作战飞机缩比验证机完成地面滑行试验** 10月,印度国防部国防研究与发展组织(DRDO)称,其自研的"隐身飞翼飞行试验台"(SWiFT)隐身无人作战飞机缩比验证机于今年6月开始进行地面试验,已完成地面低速、中速和高速滑行试验。该机长4米,翼展5米;目前配装1台俄罗斯联合发动机公司的36MT涡扇发动机;起飞质量为1吨,航程200千米,配装1套光电系统、特高频/甚高频天线、C波段数据链、空速管等。

## 11 月

**DARPA"小精灵"项目成功试验空中回收X-61A无人机** 11月,DARPA"小精灵"项目成功开展空中回收X-61A"小精灵"无人机的试验。试验中,两架X-61A自主编队飞行并抵近C-130运输机后方,后者打开机尾舱门,使用被称为"子弹"的机械装置捕获其中1架X-61A,将其拖入货舱完成回收。此外，DARPA 还演示了在 24 小时内修理和维护 X-61A，使其可再次执行任务的能力。

**美国空军研究实验室试验不依赖 GPS 的"敏捷吊舱"** 11 月，美国空军研究实验室在 T-38C 教练机上试验了不依赖 GPS 的定位、导航与授时（PNT）"敏捷吊舱"，试验内容包括该吊舱的远程接口和替代 PNT 数据传输的首次试验等，以了解如何在高性能军用飞机上集成和运行"敏捷吊舱"。PNT"敏捷吊舱"是一个平台，可帮助开发不依赖 GPS 的先进导航技术，提供可靠、强韧的 PNT 信号，确保在 GPS 拒止环境中执行任务的能力。

# 12 月

**美国希尔空军基地首次成功部署 5G 网络** 12 月初，美国希尔空军基地举行仪式庆祝成功部署 5G 网络，这是美国军事设施的首个 5G 功能性网络。作为美国国防部选择开展 5G 应用试验的四个基地之一，希尔空军基地未来两年将开展动态频谱共享试验，验证 5G 网络和军用机载雷达可在重叠波段上无干扰工作，试验结果将为 5G 技术成功应用于作战奠定重要基础。

**DARPA"进攻性蜂群使能战术"（OFFSET）项目进行最后一轮实地试验** 12 月，面向地面部队城市巷战应用场景的 DARPA"进攻性蜂群使能战术"项目完成第 6 次也是最后一次外场试验，验证了使用开放蜂群架构实现三百余个无人机与地面无人车的协作作战、使用沉浸式（如虚拟现实、增强现实、平板电脑和手机等）蜂群界面完成无人蜂群的指挥与控制。

**美国空军完成最后一次"托盘化弹药"投放系统级试验** 美国空军"速龙"项目正在发展将防区外空地导弹装箱安置于军用运输机货物托盘并且飞行中投放，以实现较低成本发动大规模远程打击。12 月，该项目完成最后一次系统级试飞，试验中 MC-130J 运输机飞行中接收新的瞄准数据，随后中继传输给联合空对面防区外增程导弹（JASSM – ER）试验弹，完成该巡航导弹的投放并击中目标。

（中国航空工业发展研究中心　吴蔚）

# 2021年空战领域重大项目清单

| 项目名称 | 主管机构 | 项目基本情况 | 研究进展 | 军事影响 |
|---|---|---|---|---|
| 小精灵 | DARPA | 研发一型低成本无人机，以强健、低成本、可快速替代的方式搭载情报、监视与侦察等传感器模块和非动能有效载荷，同时开发一个无人机发射和回收装置，使得未来的作战飞机可以快速部署廉价、可重复使用的无人机集群 | 2015年9月，发布项目公告；2021年11月，首次完成C-130运输机空中回收1架X-61A无人机试验 | 可显著提升在强对抗环境中的作战能力，具备改变未来航空装备体系发展的潜力 |
| 先进战斗管理系统（ABMS） | 美国空军 | 开发数字基础设施和工具，利用云、数据管理、人工智能、敏捷软件开发等先进数字技术，构建数字时代的指挥控制系统 | 2021年2月，完成第四次演习试验；2021年7月，完成第五次演习试验 | 该系统将成为美军联合全域作战指挥控制能力和技术发展的重要推动力，有望大幅提升美军作战指挥能力 |

续表

| 项目名称 | 主管机构 | 项目基本情况 | 研究进展 | 军事影响 |
|---|---|---|---|---|
| 新型操纵装置的革命性飞机控制（CRANE） | DARPA | 寻求在飞机设计早期引入射流飞行控制技术和相关设计工具，依托射流飞行控制技术优化飞机布局 | 2019年8月，发布项目公告；2021年8月，选择极光飞行科学公司和洛克希德·马丁公司进入"阶段1"，内容包括系统需求开发、初步设计、软件开发和初始适航活动等 | 可大幅提高军民用飞机性能，将在很大程度上拓展未来飞机概念设计的空间，给新一代飞行器的设计思想带来革命性影响 |
| 高超声速吸气式武器概念（HAWC） | DARPA 美国空军 | 围绕美国空军提出的战术级高超声速导弹发展需求（10分钟打击1000千米外的目标），开展战术级空射/舰射型高超声速巡航导弹技术集成演示验证，为后续启动高超声速导弹型号研制奠定技术基础 | 2021年9月，完成HAWC样弹的自由飞行试验，该弹在试验中达到马赫数5以上的飞行速度 | 项目所形成的技术能力可转化发展成能够从现役飞机和舰艇上发射的高超声速巡航导弹，将用于在"反介入/区域拒止"环境下打击时敏和严密设防目标 |
| 低成本可消耗飞机技术（LCAAT） | 美国空军 | 开发满足特定任务能力的低成本无人作战飞机概念，验证低成本机体制造技术的可行性 | 2021年3月，XQ-58A技术验证机成功试验空射"阿尔提乌斯"-600小型无人机 | 可形成和强化对潜在作战对手的数量优势和成本优势，并推动无人机设计技术与理念的创新 |

续表

| 项目名称 | 主管机构 | 项目基本情况 | 研究进展 | 军事影响 |
|---|---|---|---|---|
| 支持经济可承受任务的先进涡轮发动机技术（ATTAM） | 美国空军 | 寻求用于下一代涡轴和战斗机发动机的先进基础技术和先进部件，并通过部件、核心机及验证机试验评估和确认这些技术是否达到技术成熟度（TRL）6级或制造成熟度（MRL）6级 | 2018年9月起，美国空军授予多家公司第一阶段合同，研发下一代先进涡轮推进、电力和热技术。2021年6月，美克拉托斯公司完成一种用于未来巡航导弹和无人机的小型、经济可承受的高性能涡轮发动机核心机试验工作，达到预期的关键性能指标 | 项目成果将降低下一代航空发动机研发、生产和保障成本，提高燃油效率和推进能力，实现综合推进、动力和热管理，大幅改善未来战斗机、直升机、高超声速导弹和无人机的能量管理和发动机性能 |